JACQUES
LE GOFF
Héros et Merveilles du

中世紀

Moyen-Âge

關鍵詞

騎士、城堡與幻獸，
大師為你圖說中古歐洲史

勒高夫 Jacques Le Goff｜著　　葉偉忠｜譯

作者致謝

　　本書得力於許多難能可貴的合作，首先是艾娜女士，Seuil 出版社「美書」系列的總編，是她收納並處處呵護此書，其次是馬莒易先生，他在圖像蒐集方面的專業協助與洞燭卓見，幾乎可稱作合著本書的作者，最後還有葛列挂女士，她深諳如何將口述過程轉化為親切又豐富的對話。

　　在我籌畫本書時，內人在她一生中最後的幾個月始終伴隨著我，熱切又焦急地等待成書之日。上天卻沒有多賜給她幾天。本書是紀念她的一份獻禮。

好評推薦

　　本書以圖像和文字的對話，呈現歐洲中世紀的歷史元素，共譜了當時人們的神祕性顫動。作者指出，中世紀的這種「意象天地」就是他們一切想像和創造的活泉。現代人求知和受教育的方式，往往一味強調理智或分析，結果反而扼殺了孩童時代既有的交感想像力。尼采曾經說：「小心！別在驅逐你心中的魔鬼時，一併丟棄了你心中最好的東西。」這本書不僅是歷史，而且能激發我們心中原始的神祕顫動，活化交感想像的能力。

── 師範大學歷史系兼任教授　周樑楷

　　在歷史與傳奇、文字與圖像的奇妙組合下，勒高夫的博學和創意展現了驚人的魅力！

── 輔仁大學歐洲史退休副教授　張淑勤

　　意象是中世紀人的多媒體，我們腦中早有播放程式。

　　騎士團、傳奇職業、迴廊空間、中世紀夜空的百鬼夜行和女法皇的綽約身影……

　　本書二十則關鍵意象，讓你重新訂閱中世紀。

──《殛天之翼》作者　陳約瑟

意象與歷史

葉偉忠

　　歐洲中世紀，若依據本書作者勒高夫的斷代，可能是人類歷史上最長遠、也最繁複多元的「時代」。相對而言，那必然也是最難以全盤通曉的時代。

　　中世紀之後，殖民經濟、工業革命、國族主義、兼併戰爭所塑造出的現代歐洲，如今約有五十個國家──我們是否要遍讀五十國的歷史，才能掌握整個歐洲的演變全貌？反之，一部歐洲史或歐洲中古史，又能夠涵蓋錯綜複雜的千年興衰更迭嗎？

　　在此，勒高夫的作品提供了另一種路徑。透過超越文字、種族、疆界、地域文化隔閡的「意象天地」，引領我們去認識歷史的另一面。不再侷限於探究中世紀歐洲人的物質生活、社會事件、王位繼承或戰爭勝負。我們進而探詢他們在思考什麼？以及，他們如何思考？如何面對自身所處的世界？

　　「意象天地」（imaginaire）是二十世紀中葉之後發展的新觀念。一如作者在〈引論〉中強調，它不同於僵硬死板的「意識形態」、也不同於作為非文字翻譯媒介的「象徵」，也不僅僅是人們親眼所見的「表象」。

意象天地，可說是自然與人文的「景象」、真實與虛構的「形象」、現今與過往的「想像」的整體。或說，它是時代精神的一部分。單以本書為例，藉由圖像及作者的詮釋文字，我們得以窺探中古歐洲的生死觀（迴廊中庭、安樂鄉、海勒甘家從、瓦爾姬麗）、愛情觀（崔斯坦與伊索德、梅綠芯、吟遊詩人）、道德觀（列那狐、羅賓漢、羅蘭、雜耍人），乃至經濟觀（大教堂、防禦城堡、騎士制度）等等。

　　在意象的領域裡，現實或文明的藩籬，相當容易消泯：男與女、人與動物、貴族與平民、宗教與俗世、靈與肉，能被一視同仁地看待。而形象的意義，也能取得多元的圓融。例如，獨角獸是一頭亦正亦邪的幻想動物；又如清修的迴廊中庭，它「同時是失去的天堂」卻也是「毀棄或無門禁的監獄」。

　　固然，我們可說意象天地是史學研究的另闢蹊徑。然而，這條新路徑，比起傳統透過文字或考古器物來認知過去，也許更直接探入歷史的本質。

　　印歐語文中，形象、意象（image），想像、想像力（imagination），皆來自於拉丁文的 imago 一字。Imago 的字源，極可能與「模仿」（imitor）相關。綜合兩組字的理念，意象，即透過仿效與複製，創造出一個實際的、栩栩如生的副本，來呈現某樣「不在場」的東西──流逝的過去、遠方的人物或想像的內容。而歷史的使命，不正是讓不在場的時空，重新以合理的面貌呈現於我們眼前嗎？

　　除此之外，imago 的原始指稱，更吻合地闡述了「意象天地」的歷史內涵。最初，在古羅馬社會，imago 指的是人的「蠟像」，但並

不是任何一個人。唯有對國家有功的「先人」，死後，得以將他們的遺容，以臘質的面具，傳留後世，供奉於家族的廳堂裡。換言之，imago 即是功在邦國的列祖列宗的遺像。羅馬的門閥世家，莫不以整間廳堂滿滿的祖先遺像為榮，一如後世歐洲的城堡或貴族宅邸長廊裡懸掛著整列先人畫像（雖又不盡相同……）

不同於古埃及的殯殮面具，其意義在於修補、保存死者屍體腐化後的面容，古羅馬的遺容面具，是讓死者的功勳與模範，長存於活人世界。他們的後代子孫，等於每天念茲在茲地生活於理想的意象之內。每當家族有葬禮與祭典的儀式，所有的面具，一具具的 imago，都會被請出它們的龕位，構成浩大的行列來參與遊行。

更有意義的是，這些遺像（或歷史的意象），兼具公領域與私領域的特質，一如象徵的約定俗成與想像的個人隱私。一方面，它們屬於家族的私產，是先人留下的心靈遺產。另一方面，它們又受城邦律法的規範，以及保護。當房屋易主之後，新遷入的人家，不得移除舊有的面具。

遺像與意象，是深植於國土、社會、與文化裡的記憶，是不容磨滅或更改的歷史。雖然，隨著羅馬帝國的結束，imago 的遺像文化後繼無人。但同時，歐洲的中世紀於此際展開，換言之，意象（imaginaire）的生命，將在死亡的土壤上萌芽、茁壯、結實。

最後，我還想強調：意象，不僅通往歷史，它更導向人類的原始、導向於美、於生命的體驗，也通往內心最深邃的悸動。固然，那是屬於藝術史研究的範疇。但藝術與文學，往往是了解歷史最好的鎖鑰。

勒高夫的長程中世紀

葉偉忠

　　初翻閱本書的讀者，應該會與我有相同的欣喜：這是一本圖文並茂的「學術推廣書籍」。而當我們深入正文便會發現，親切的口述語氣背後，大學者數十年鑽研歐洲中世紀文明的學養，仍是本書的枝幹。本書有兩個重要的基礎理論，在正文與引論中並沒有特別解釋。希望能在此稍加介紹，以便讀者能迅速掌握本書的旨要。

　　首先是勒高夫自己的理論，即是「長程中世紀」。所謂「長程的歷史」與「整體的歷史」，同是年鑑學派治史的基本態度。他們強調歷史並非單純的事件銜接，不但要根據多方的史料來還原歷史的真相，也必須要從長期的時間來認識歷史。

　　勒高夫所界定的長程中世紀，涵蓋了將近一千五百年，由四世紀羅馬帝國的衰亡，一直到十九世紀初的工業革命。這個觀點與過去時代劃分的最大改變，是將「文藝復興」納入「中世紀」的一部分。「中世紀」一詞出現於十五世紀，是人文主義者用以區隔希臘、羅馬和聖經的「古代」與文藝復興的「現代」。今古相較的觀念在中世紀前期早已存在，但在文藝復興之後的發展，卻愈來愈凸顯出一個「中世紀」的負面印象。誠如勒高夫的絕佳比喻：這個黑暗時期，變成古

典與現代，兩個輝煌璀璨的時代間的一條「陰暗的隧道」。

　　但勒高夫指出，中世紀持續地有各種「復興」運動，包括文藝復興在內，這正是中世紀的一大特色。除此之外，從經濟、宗教、意識形態、社會結構、交通、文化、教育各方面的特點著手，也都適宜將「長程中世紀」清楚地與前後兩個時代區隔開來。

　　不過，歷史的斷代並非本書之標的。作者希望能夠由此彰顯中世紀的特質，以及它在現代的新生與對今日的影響。但若要深入了解中世紀整體的架構，就需藉助另一個重要的理論，即是瞿梅濟所提出印歐文化的「三元結構」。國內的讀者或許對這位大學者比較陌生，我在此簡略地介紹。

　　瞿梅濟（G. Dumézil）出生於一八九八年。自高等師範學院畢業後，曾出任波蘭華沙大學法文講師，之後才投身研究，由哲學轉入宗教史及比較神話學。師承梅耶（A. Meillet）和馮德理（J. Vendryes）兩位印歐語系比較語言學的大師，並於一九二四年發表博士論文「靈魂不朽的饗宴：印歐民族神話比較」。一九三三年進入高等研究實踐院任教，專業領域為比較宗教學。他在此結識了漢學家葛哈內（M. Granet），整個思想與治學體系因而有了徹底改變。一九三八年發表的學術論文，首次提出「三職權」理論（trifonctionnel），次年將之運用於詮釋《日耳曼神話與神祇》。之後的十年內，每年發表一部專書，一九四九年法國學院特別為他新設一個「印歐文明」的講席。一九六八年退休後，屢次應邀於美國普林斯頓大學、芝加哥大學、洛杉磯大學講座。一九七九年當選法蘭西學院院士。一九八六年辭世。

　　他在學術結論期的大作，最著名的就是三鉅冊《神話與史詩》（一九六八、一九七一、一九七三）。他的理論是建構印歐民族社會

的「三元結構」（tripartie）：第一是至高的神權或王權（代表為祭司或君王），第二是捍衛的武力（代表為軍人），第三是從事生產的勞動力（有時以教化或其他的功能出現）。若由階級的觀點來看，三者劃分清楚，先後順序不可異動；但這三個功能，也可同時表現於一人身上，例如中世紀的國王。若完全服膺瞿梅濟的理論，印歐民族上古的傳說、神話、社會體系、政治制度，甚至文學作品，皆可據此做結構上的詮釋。杜比（G. Duby）於一九七〇年展開的講座（並由勒高夫協助），就是探討「三職權」理論是否適用於歐洲中世紀社會；一九七三年講座閉幕時，還將研究結論呈獻給瞿梅濟。杜比自己的研究成果則於一九七八年出版。在本書中，勒高夫多次採用這個理論來詮解中世紀的組織、勾勒中世紀的風貌。在原文裡，他有時只簡單地稱第一、第二或第三功能，我皆已加入說明。其他對於法國讀者耳熟能詳的人事、地名，但對中文讀者可能相當陌生，我也直接在譯文中酌加解說，若仍有疏漏，希望讀者能惠予指正。

　　勒高夫在每個專題皆會提及相關的專門著述、研究，有興趣的讀者可以由書目中找到書籍原文的名稱，再自己做更深入的閱讀，這也正是勒高夫推出本書的用意。

獻給涵卡

（一九三四年至二〇〇四年）

目 次

編輯弁言

　　本書括孤內楷體字表示譯者之注釋，而書中阿拉伯數字所標示者則為作者注。

致謝

　　本書承蒙輔仁大學歷史系退休副教授張淑勤老師審定，特此致謝。

引論

　　對將要閱讀、欣賞本書的讀者，我要先說明本書的定位，它位於史學中一個蓬勃發展的新領域：意象天地的領域（le domaine de l'imaginaire）。

　　帕特拉瓊對其定義如下：「意象天地的領域是由全體的表象所構成，它超越了經驗的觀察及經驗允許之推理過程所施加的限制。也就是說每個文化，進而每個社會，甚至一個複雜社會的每個層面，都有其意象天地。換言之，在真實與意象天地之間的界限是多變的，而這個界限劃出的整塊版圖，卻是無論何時何地始終保持不變的，因為它正是人類經驗的全部範疇，從最集體的社會層面到最隱私的個人經驗[1]。」

　　在《中世紀意象天地》一書中[2]，曾盡力定義意象天地這個領域。首先，將它與相近的概念區隔。第一個就是表象。帕特拉瓊說得很好，意象天地整合了表象的全體，但這個非常籠統的詞，卻涵蓋了所有感知到外在現實的心靈翻譯。「意象天地是表象範疇的一部分，但占據的部分是非重現式的翻譯，不單只是轉換為心靈的圖像，更具有創造性，是『詩意』的。在此『詩』乃是取其希臘文字源『創作』的本義。」意象天地超越了表象的版圖，由幻想帶出其疆界。意象天

地建構並滋養傳奇與神話，我們可將之定義為一個社會、一個文明的夢想系統，將現實轉化為精神中的熱情視野。再者，意象天地必須和象徵有所區隔。中世紀西方是以一個象徵系統的模式來思考；從新約開始，就不斷地回溯舊約，可謂是舊約的象徵翻譯。以書中一個雨果定義的例子來說，詩人說鐘樓怪人加西莫多眼中的巴黎聖母院，「大教堂對他而言不只是社會，更是宇宙，更是整個大自然。」雨果創造了一座象徵的大教堂，也是想像的大教堂，因為「整間教堂鼓吹著某種神怪、超自然、可怖的氣氛；到處都有睜大的眼睛、張大的嘴巴。」最後，必須要區別意象天地和意識形態。意識形態被注以一個世界觀，傾向對表象賦予意義，這意義所扭曲的不只是物質的「現實」，還有另一個現實，即是「意象」的現實。

構築中世紀思想、中世紀語文的這個意識形態，利用意象天地強化人對它的信服。就如兩柄匕首的主題，象徵宗教權力和俗世權力；當它為教會的意識形態所運用，就是在匕首自身的形象外，讓俗世之劍臣服於宗教之劍。而長劍，則是中世紀意象天地裡一個重要的單元，浸淫著戰爭的熱情。意象天地一詞當然也指想像，不過意象天地的歷史並非傳統意義中想像世界的歷史，這是一個創造的歷史，是運用形象來使一個社會反應與思考的歷史，因為形象的內涵與動力源自心智、感知和文化。近幾十年來，由於史學家對形象賦予的新用途，我們已經可以研究這個特別的歷史[3]。許密特是一位最熱中於研究這個形象的新歷史與形象塑造歷史的史學家，他強調：對史學家而言，形象的新意義極其吻合中世紀「意象」（imago）一詞的種種涵義。「這個概念確實是中世紀對世界、對人類的核心觀念。它不單指有形的物件，也指語言的『形象』，同時也指沉思、記憶、夢境和靈見的

『心靈』形象……最後，形象的概念牽涉到整個基督教人類學，因為在聖經起首的章節，就以『形象』來定義人：耶和華說祂『**要照著祂的形象與樣式**』來造人（創世紀，I，26）[4]。」所以，本書是一個文字與圖像的結合，兩者相輔相成，這要歸功於傑出圖像學家馬莒易的學識與蒐集。本書並不試圖介紹中世紀意象天地的全貌，只是想透過這個整體中某些顯耀的單元來呈現其特質。在本書原標題已點明：英雄與奇觀。「英雄」一詞在古希臘羅馬是指以其勇氣與戰功而超凡的人物，但畢竟不屬於更高的神祇或半神的類別；他們隨著中世紀歷史和基督教消失於西方文化和語言中。從此，被視為英雄的人不再有這個稱號，他們或是聖徒，這是新形態的人物；或是國王，是提昇到最高位的統治者；不久前，我才為這兩個類別的中世紀「英雄（Héros）」寫了一本專書，《中世紀的英雄：聖人與國王》[5]。本書要探討的英雄，是地位崇高或能力超卓的人物，但他們並未被界定為聖徒與國王。在中世紀語言中，古法文裡最接近我在此所指稱的詞就是「勇者」，它在十二世紀末由形容詞轉變為名詞。由這個字衍生的「英勇」一詞，在十二世紀是與戰爭的價值觀和勇氣相連，向來都是指無畏的、好的騎士。到了十三世紀，這個詞主要轉向於宮廷文化的意義：和善、貌美、誠懇。之後，我們會在本書介紹的英雄身上，見到與戰爭勇氣和宮廷儀節的這些關係。這些人物當中有幾位在歷史上真有其人，但很早就成為傳奇人物，例如查理曼和悉德。其他還有半傳奇的人物，他們的起源相當隱晦，有時甚至難以考證，在文化中慢慢朝向英雄的地位演進，例如不列顛國王亞瑟，僅出現於中世紀最早期的編年史中；或是伯爵羅蘭，查理曼的親外甥，但他幾乎不見經傳。另外就是純粹的傳奇人物，其中一位據說是女性教宗，名叫

若安；一位強盜騎士羅賓漢，弱勢人群的保護者，與森林世界密不可分，出現於十四世紀某些編年史中，但所有歷史的考證推論都無法令人信服。而仙女梅綠芯和魔法師梅林，絕對也是此類人物。第一份名單顯示，在歷史與傳奇間，在現實與想像間，中世紀意象天地構築了一個混合、混雜的世界，它構成了現實的素材，而現實則誕生於吸引中世紀男女老幼想像力的非現實個體。讀者會發現，我們在此沒有納入未曾在中世紀或稍後取得過傳奇地位的人物，例如聖女貞德，她未曾震撼過中世紀的想像力，而且當她成為近乎傳奇的人物後，也沒有真正脫離歷史；即使她脫離了歷史，也只是為某些人成為真正的聖徒、為另一批人成為國族意識形態的旗幟。我們同時也看出列在這個名單的英雄，主要都是男人。它貼切地符合這個時代，這個史家杜比所稱「男性中世紀」的文明。然而，女性的提昇，包括藉由傳奇與神話之助，不僅存在於中世紀，甚至比比皆是；在此我們會見到四位截然不同的女性。其中有一位離奇的人物，位居宮廷文化主題的核心，就是伊索德。我不希望把她和崔斯坦分開，而且她證明了在中世紀的社會實況與意象天地中，存有幾對知名的愛侶：阿貝拉與哀綠綺思、聖方濟與聖克萊爾、崔斯坦與伊索德。我在本書中沒有將崔斯坦與伊索德分開，不像傳奇故事那般無情地要拆散他們（幸好並未成功）。另一個女人則為教士幻想的產物，她闡明了這些粗魯又笨拙的戰士對女人、對這新的夏娃、對其媚力及禍害的畏懼。這是何等的醜聞、何等的災禍，如果有個女人藉助詭計，潛入一個男人的身體及只有男人得以執行的職權。由這個畏懼、這個幻想誕生了傳奇的女教宗若安。

　　本書的另外兩位女性是超自然的人物，她們是仙女，印證了在中世紀基督教的中心，由異教信仰流傳下來的人物與主題雖受到壓抑，

也多少遭到磨滅，但僅是在表面上基督教化。來自異教日耳曼世界的瓦爾姬麗是處女戰士，看守著條頓天堂──瓦爾哈拉之門。另一位則來自塞爾特及地獄的世界，她就是梅綠芯。我希望現在就強調在中世紀意象天地裡，平常有些籠統地稱作「民俗文化」的重要。本書並沒有強調「奇觀」式的物件，所以也就沒有特別的章節討論這些在中世紀意象天地中非常重要的物件，但讀者仍將在我們的英雄身側見到它們。它們分別是長劍，如查理曼的歡喜劍、羅蘭的杜朗達劍、亞瑟的石中劍；號角，最著名的就是羅蘭的號角；媚藥，在崔斯坦與伊索德的故事中扮演無比重要的角色；最後還有這既神妙又奧祕的物件──聖杯，位於騎士理想的頂峰。

在這些個別人物之外，本書也介紹縈繞中世紀意象天地的集體人物，如我們剛提過的勇者，他們具備戰事的勇氣或宮廷的儀節，或兩者兼具。他們是在騎士意象天地核心的騎士及在宮廷意象天地中心的吟遊詩人。我還加上中世紀領主社會的一大娛樂角色，雜耍人，創造遊戲與歡笑的賣藝者。

國王與聖徒已經在他處介紹過，其他高人一等的個體也不會在此書出現。布滿天庭與地獄的無數人物，經常來凡間一遊，無論是不斷幫助凡人的天使或攻擊凡人的魔鬼，他們也不屬於散布書中這些基本上都是凡人的群體，即使他們是傳奇或神話的人物。讀者唯一會見到的例外就是海勒甘家從，德國人將之稱作「狂暴」或「喧囂的奔逐」（wilde, wütende Heer），因為這隊策馬奔馳的神怪之人，穿越了中世紀人們意象天地的黑夜，雖然由凡人組成，卻代表一群「奇觀式」的還魂者。我也沒有納入具有人形的神怪個體，亦即巨人和侏儒，因為他們幾乎不曾卓立超群，足以成為從中世紀流傳後世的獨立單元。

在中世紀意象天地裡，他們幾乎無所不在，不過這些身材特殊的人物事跡，未曾以個別方式留存下來。以侏儒來說，只有武功之歌〈波爾多的于翁〉裡貌美絕倫的侏儒奧伯龍和他的魔法號角，在音樂史上留下一道痕跡，這還要歸功於韋伯的浪漫歌劇。至於巨人，除了崔斯坦與伊索德故事中的惡人莫霍特，唯一能夠成為正面的英雄、且是經由成為聖徒的方式，就是聖克里斯多夫。在當代的意象天地裡，是他把嬰孩耶穌背負在肩膀上。

不過，讀者卻可在英雄與奇觀間，看到神奇動物世界的兩個代表[6]。動物不只是密集地遍布於中世紀男女老幼居家和人煙之外的環境，更攻占並照亮他們想像的宇宙。牠們在書中的代表，一個是神話動物獨角獸，另一個是真實的動物狐狸，藉著文學成為傳奇動物。中世紀男女老幼對牠們等同看待，這更闡明了兩個世界間分野的消弭，一是純粹意象的世界，一是轉化為幻想的世界；它所代表的中世紀宇宙，漠視任何存在於自然與超自然、人世與冥界、真實與幻想間的疆界。然而，我們卻不介紹一個主要充斥想像動物的領域，也就是怪獸[7]。怪獸通常都是徹底為害的個體，而本書中的英雄與奇觀都是正面的，至多也只是角色曖昧；我們展現的是中世紀意象天地中最好的部分。英雄之外，本書的另一個面向即是奇觀[8]。奇觀是一種由古希臘羅馬流傳下來的類型，特別是經由羅馬的知識流傳給基督教中世紀。這個詞彙主要以「異事、奇聞」（mirabilia）的形式出現，複數形式是指地理上的實況，多半是驚人的自然現象。此一概念透過各個方言侵入中世紀的文學與心靈感知；早在十三世紀，奇觀已出現於古法文的《聖亞歷西斯生平》與《羅蘭之歌》中，其他源自拉丁文的詞彙則以相同形式出現於義大利文、西班牙文、葡萄牙文；同一時期，

德文提出 Wunder 一字，英文則是 Wonder，而斯拉夫語系，如波蘭文則使用 Cud 一字。奇觀和奇蹟、魔法構築了一個系統。

奇蹟是保留予上帝，並以挑戰自然法則的神蹟來展現。至於魔法，即便還存留有善良魔法的合法形式，但主要仍是種被譴責的巫術，施法者則是人類的敵人 —— 魔鬼，或是他的幫兇 —— 妖魔和巫師。然而，驚人且無法理解的奇觀，則是屬於大自然的範疇。一二一〇年前後，英國人堤博利的哲威為日耳曼皇帝奧圖四世所寫的百科全書《帝王休閒》中，是這麼定義奇觀：「雖然它是自然的，但非我們所能理解。」奇觀的類型，中世紀期間不斷擴張，因為它可謂是藉由人力向上帝強奪來的美景，引進凡人塵世的版圖。

奇觀的領域是中世紀男女老幼驚訝的領域，激發人心的悸動。它來自視覺，是中世紀人最常使用、最受讚美的感官。奇觀令中世紀男女老幼睜大雙眼，同時也震撼其心靈。本書的奇觀中，呈現於三種建築物的形態，每種都是呈獻於統治並管理中世紀社會的三大主要權力。第一個是上帝和他的教士，而奇觀就是大教堂；第二個是封建領主，奇觀則是防禦城堡；第三個是修道院社會，奇觀是迴廊中庭。每座建築物都圈抱了奇觀式的密閉空間，這當然反映了密閉的庭園與天堂，是空間中奇觀式的版圖。

中世紀的意象天地，顯然是連繫於空間和時間。就空間觀點而言，它的基礎是在歐洲。即使在某些情形下，英雄或奇觀與基督教世界的一個特定部分有所結合，但不會為其所局限。例如亞瑟和羅賓漢主要是在不列顛，悉德在西班牙最盛，梅綠芯則令法國和塞浦路斯為之神往（在塞浦路斯，據說是梅綠芯後裔的呂濟尼昂封建家族還繼承了王位），瓦爾姬麗流傳於日耳曼與斯堪的納維亞的國度。

從歷史年代的觀點，我希望在本書介紹由中世紀創造並塑形的意象天地，因此略過來自古希臘羅馬及東方的影響。我們將在〈騎士與騎士制度〉一章內有關勇士的部分，見到十四世紀時，人是如何在中世紀的顯赫人物身旁把三位古希臘羅馬人物（海克特、亞歷山大大帝、凱撒）及三位聖經人物（約書亞、大衛、馬加伯的猶大）也轉化為勇士；但讀者不會在本書中見到這些僅是被中世紀借用的勇士。幾經猶豫後，我還是剔除了亞歷山大，雖然他在中世紀意象天地中曾引領特殊風潮，但畢竟不是中世紀意象天地的創作。同理，我也沒有保留聖經英雄，他們非但不是源起於中世紀，而且除了九勇士系統中的三位聖經勇士，其他經常被中世紀教士轉換成英雄或勇士之外的人物。若說大衛曾活躍於中世紀，他的身分是國王與音樂家；至於索羅門，雖然在中世紀時期有一段曲折的歷史，從一個作惡的巫師形象轉化成一位樂天知命的智者，但他也與英雄和奇觀的論述無關。我認為在這個世界的邊緣，僅可安置一位舊約的人物約拿，奇蹟式地被鯨魚吞下又吐出。還有一個恐怖的奇觀世界，雖然基督教將其納入新約聖經，而且也廣為流行，但畢竟還是異邦的世界，那就是《啟示錄》中英雄與怪獸般的奇觀。東方（尤其是印度）曾是中世紀意象天地的一大泉源[9]，但只有一位印度英雄，他甚至還是個基督徒，在中世紀西方曾被單獨凸顯出來。他是傳教士約翰，據說這位傳教士國王在十二世紀時，曾寫了一封信給西方人，信中描述了印度奇觀。然而，這作品只在學術圈內流傳，而傳教士約翰並未成為真正流行的人物，足以躋身於中世紀西方的英雄和奇觀之列。神話的特殊傳播與文明史息息相關，本書所討論的範疇，正是中世紀基督教文化及其淵源：聖經、希臘羅馬的古典時期及異教傳統，尤其是塞爾特、日耳曼、斯拉夫的

傳統。

神話在社會上廣泛傳播，創造出一個橫跨於我們所稱的學術文化和「通俗」文化間的版圖。所以經常得鑽研到歐洲與世界民俗的深處，並上溯種種遙遠的傳承或文化社群，尤其是我們所稱的印歐系統，這將在亞瑟與梅綠芯等章節提及。不過，儘管承認這些關係，甚至這些屬性，我們要強調的仍是中世紀西方的創造力，不論是在意象天地的領域或涵蓋文明的各個領域，而且這些創造絕大部分都是嶄新的。可以考證出在何時成形的「安樂鄉」烏托邦，正是一個好例子。或以騎士為例，在這意象天地中無所不在的集體英雄，中世紀的騎士能夠簡化為印歐文化第二職權的英雄、羅馬的騎士階級或日本武士嗎？騎士精神難道不是歐洲中世紀的創造與承襲？

就像神話，一般都與某個地點、某個空間緊密相連，西方中世紀也將其英雄與奇觀繫於各個地點，即便那不是他們的誕生地。此一方式賦予他們一個饒富意義的地理植根，不論這是真實或想像的地理。

回到歷史年代的觀點，這個意象天地的構築從四世紀到十四世紀，穿越了整個中世紀。但它綻放於中世紀西方的偉大年代，並建構了一個相當聯貫合理的宇宙，不僅在當時蓬勃發展，更如我曾嘗試闡明的，讓價值觀與其連帶的形象，由天上降臨人間。中世紀的英雄與奇觀，是基督徒安置於大地的光明與壯舉，以超自然世界的榮耀和魅力妝點人間。如同天國的耶路撒冷從天上降臨人世，上帝所創造、激發的英雄與奇觀，也受到塵世人們的銘記和讚揚。本書希望能成為這個偉大運動的闡釋：在傳奇與神話的背景中，中世紀基督徒在塵世的皈依[10]。

意象天地的歷史在廣度與深度上，同樣也是「長程」的歷史。本

書所提出的乃是中世紀所建構、尊崇和喜愛的中世紀英雄與奇觀，傳承予後來的世紀，並在其間繼續生存，進而轉化為一種時間的組合：對過去的回顧、對現在的調適及對未來的展望。這也可稱得上是一種面對中世紀的態度歷史，如阿馬爾維的大作《中世紀的品味》此一標題所示。

本書也是我最近發表的論文〈歐洲是否誕生於中世紀？〉[11]在意象天地領域的延伸。讀者將會見到，儘管歐洲的基石從中世紀以降始終屹立，但神話、英雄與奇觀的傳承，在十七、十八世紀卻曾遭到遺忘與「拋棄」的傷害。在這段期間，由啟蒙時期的人文主義架構並強化了一個中世紀的「黑色」形象：它是愚民的時代、知識晦暗的世界，它是「黑暗時期」。除了某些例外，中世紀的英雄與奇觀再度成為「野蠻」的，這方面，大教堂哥德式風格的演變是最佳佐證；處境更糟的則是被一層遺忘所掩蓋，就像掩過中世紀壁畫的石膏和石灰。

相反地，浪漫主義則讓中世紀的傳奇和神話復活、讓它們在意象天地重生，創造出金碧輝煌的傳奇。本書正是要闡明記憶的衍遞，文明中最輝煌、最耀眼的標誌，其銷蝕、重生與變形。

直到現在，中世紀意象天地的變形仍在進行，這印證了英雄與奇觀是如何為人所彰顯；我們復原他們的「真相」，但並未摘除造就他們的風潮與歷史功能的光環。今天，中世紀正在流行，介於陰影與光明之間[12]。本書希望能為「新的」中世紀風潮帶來些許貢獻，呈現出它來自何處、它的真實意涵，以及在歐洲或全球化的未來將置身於何種展望中。

除此外，本書對中世紀意象天地所進行的探討，目的是要推介給讀者一個閱讀的方向，而非主題的全貌。同時，內容也揭露了歷史是

由文獻所寫成，而文獻又潤飾了使過去重生的技術，所以歷史會隨著人類發明的表達與溝通方式而變化、轉形；一如在中世紀，書寫記載取代了口語流傳。讀者在此會見到，浪漫主義復興之後，中世紀意象天地的第三次重生，要歸功於二十世紀兩項主要的發明：電影 [13] 和漫畫 [14]。若有一種歷史是深受文字與圖像革命的巨大風潮來延續、更新，正是意象天地的歷史。

1

rthur

亞瑟

亞瑟是中世紀英雄典範。
歷史上可能真有其人，
但我們對他幾乎一無所知。

亞瑟正代表了這類中世紀英雄，在現實與想像、虛構與歷史間轉變為神話般的人物。一如許多真正存在過的歷史人物，他們脫離了歷史而成為神話，然後進入意象天地中虛構英雄的行列。在這方面，我們將見到中世紀的兩大英雄——亞瑟和查理曼，在歷史與神話間平行卻又交錯的發展。

亞瑟最初出現於編年史家內尼伍斯九世紀初的著作《不列顛人歷史》中。根據本書，有一位亞瑟，曾與不列顛國王並肩抵抗入侵的薩克遜人。身為戰場領袖，他甚至親手殺了九百六十個敵人。所以，走進歷史的亞瑟形象，主要是位身手非凡的戰將、不列顛的保護者。中世紀前期，他的身影則是與塞爾特人的口傳文學相連，尤其是威爾斯人的《馬必諾吉歐》，故事敘述一位英雄的童年。大家常把亞瑟與其他文化的英雄相提並論，特別是印歐民族的「三職權文化」（有關三職權文化，請見譯序），或是歐洲、日耳曼的民俗文化。可是，不論這位英雄的本質為何，西方在中世紀創造並流傳至世人眼中的亞瑟，是一位塞爾特英雄，與不列顛的國族意識有密切關聯。

亞瑟真正的身世記載於一部《不列顛君王史》裡。這部編年史在一一三五至一一三八年間寫成，作者是蒙茅斯的傑佛利，牛津的僧侶，極可能是威爾斯人。傑佛利編寫不列顛歷來國王的歷史，遠從布魯塔斯與羅馬人為不列顛帶來最初的文明開始。不列顛人成為羅馬人與蠻族的混種，而經歷一連串的君王統治，最後一位叫做烏特潘達功。藉由巫師梅林的法術相助，他與所愛女子英哲涅生下一個兒子，名叫亞瑟。亞瑟十五歲即位後，對羅馬人及西歐各民族的戰爭無往不利。攻占了整個大不列顛、北海諸島，在聖米榭山殺死了作威作福的巨人後，他在歐陸的領土一直延伸到庇里牛斯山。但他的外甥莫得列

亞瑟大戰巨人（局部）。德濟茲的《艾諾編年
史》，譯者渥克蘭，一四六八年；布魯塞爾，皇家
圖書館，手稿編號 9243，第二冊，第 49 頁。　　　亞瑟　29

亞瑟身穿王袍，而巫師梅林的衣著卻近似宮廷弄
臣，他們一同觀看紅龍與白龍打鬥，這是皇家的消
遣。《聖亞班編年史》的手稿插畫，十五世紀；倫
敦，蘭博斯宮圖書館，手稿編號6，第43頁。

霸占了他的妻子與王國，亞瑟率軍回鄉討伐，雖然殺了莫得列，自己也身受重傷，被送往威爾斯外海的亞瓦崙島，一說他在島上過世，一說他在島上療養等待痊癒，要回來重新征服他的王室和帝國。亞瑟很快就變成整個系列文學作品的核心英雄，這些作品建構出的中世紀意象天地中最豐富、最有力的創作，就是亞瑟王傳奇。

這個文學創作的關鍵時刻是在一一六〇至一一八五年間，有特洛瓦的克瑞強用韻文寫的小說，和十三世紀前半期以散文寫成的亞瑟王傳奇。我們可由此了解，中世紀文學的創造想像力，如何在構築英雄與奇觀這個意象天地的過程中，扮演推手的角色。在意象天地的發展史上，中世紀文學無論在文化、思想、時代意識各方面，每每占有不可或缺的地位，更具備穿越數個世紀的聯貫性。在所謂「不列顛素材」的廣大文學領域中，亞瑟成為核心人物。隨之，也誕生了以他為中心的其他一系列英雄，其中最顯赫的就是高文、蘭斯洛特和帕西法爾。而在西方中世紀鮮少有體制創立的基督教文明裡，他更發明了一個烏托邦的「圓桌制度」。那些騎士都是典範英雄，我們將在〈騎士與騎士制度〉一章討論。亞瑟還是兩種英雄之間的接榫：他自己是戰爭英雄，而另一種英雄，即是以預言來護衛他，從出生到辭世都追隨他的巫師梅林。他更是塑造出一個非凡奇觀的原創者，那就是聖杯；我們在本書中不討論聖杯，因為它幾乎已從我們的想像中消失。聖杯是件有魔力的物品，已變成像禮拜儀式中使用的聖體盒一樣，所有基督徒騎士都立志尋找它、想獲得它，特別是圓桌武士；這也是在中世紀基督教義化的騎士精神裡發展到極致的神話。烏托邦式的圓桌制度，同時也揭露了英雄與奇觀的世界裡，隱含中世紀社會及其文化的矛盾。圓桌制度是一個平等世界的夢想，在中世紀的社會裡無法實

亞瑟坐在華蓋之下主持圓桌集會，聖杯在圓桌中央
閃耀。他的左右只出現九名騎士。十五世紀；巴
黎，國家圖書館，手稿編號 fr. 120，第 524 頁。

現，因為那是個極其階級化且不平等的社會。然而，在封建的意識形態中，仍有這種渴望，希冀在上流、顯要、貴族的階層，創造出平等的體系與舉止規範。領主與附庸面對面的親吻，正是一個象徵的姿態。圓桌除了影射宇宙的整體，球體的全部，也是一個平等的夢想，而亞瑟就是這個夢想的保證人，並且在貴族世界裡尋得他的社會化身。

然而，亞瑟不僅只是戰士、騎士，更是中世紀政治社會裡最傑出又神話般的領袖化身：國王。有一件事意義重大，從很早開始，亞瑟的全名就已是「亞瑟王」（Arthurus rex），例如在義大利南部歐特蘭特教堂的地板馬賽克拼貼畫（十一世紀）就可以見到（右頁）。而亞瑟在歐洲詩歌的意象天地裡，始終是國王的象徵，即使他在詩歌中的形貌已經徹底脫離神話，但仍然具有神聖的性格。亞瑟不只是當時的國王、神話的國王，還是千禧年的國王。中世紀的男女老幼不時夢想在塵世中，一個信仰與美德的統治能開花結果，而領導「末世千禧年」的則是已脫離歷史的國王。這個主題在東方極受歡迎，也就是所謂「匿身的酋長」。在西方，某些皇帝截取了這個角色，如日耳曼皇帝腓特烈一世，傳說他並沒有死，只是沉睡在一個洞穴裡；至於亞瑟，他則還在亞瓦崙島等待時機回來。這個主題就是「過去的國王，也是未來的國王」。

如果像圓桌這個神話般的物件，已經緊密地與亞瑟的形象相連，另外還有一個私人物件，也牢牢地繫於名下，就是所有偉大戰士或騎士都擁有的佩劍。這是一把有魔力的劍，沉重無比，而亞瑟是唯一能將之操運自如的人。藉著此劍，他奇蹟似地殺死敵人、怪物，尤其是巨人；而當它被拋入湖中，也宣告亞瑟生命與權力的終結。這把劍，

亞瑟，國王與戰士的形象。頭戴王冠，旁邊的文字
彰顯其國王的頭銜，騎著馬，拿著兵器，揮舞著元
帥的手勢。義大利，阿普利省，歐特蘭特大教堂的
地板馬賽克拼畫。作者潘塔列昂，一一六三年。

就是石中劍，它的消失刻畫著亞瑟臨死前昏暗的一幕；藉由英國大導演約翰・布爾曼的《神劍》（右頁）一片，又於今日復生。我們知道查理曼和羅蘭也各有一柄人性化的劍，歡喜劍和杜朗達劍；它們和石中劍都是不世英雄的神奇伙伴。中世紀雕磨出的種種價值觀，首先在亞瑟身上得以結合，即使這些價值觀有著深刻的基督教烙痕，但畢竟還是屬於俗世英雄的俗世思惟。亞瑟表達了兩個時代的封建價值觀、十二世紀的英勇、十三世紀的斯文有禮。他也是印歐民族傳統裡的三職權國王，第一個職權是「神聖」的國王，第二個職權是「戰士」的國王，第三個職權是「教化」的國王。他清楚地闡釋了偉大中世紀文學史家科勒十分貼切的定義，「封建宮廷世界的雙重計畫：歷史的合法性和神話的打造」。

　　如同所有的英雄，尤其在中世紀，亞瑟和地點有著緊密關聯。這些地點分別是戰場、居所和辭世之地。首先，是他戰鬥、征服及勝利的主要場所：塞爾特的國度、愛爾蘭、威爾斯、康瓦耳、亞莫力克。在康瓦耳的廷塔哲，亞瑟母親懷了他；卡美若，想像中亞瑟王國的首都，是位於康瓦耳和威爾斯的邊陲[1]。還有神奇的島嶼，如亞瓦崙島。一一九一年，在格拉斯頓柏立的英國修道院，一座接近威爾斯邊界的本篤會修院，發現可能是亞瑟和王后關妮薇的骸骨。可是，在遠離威爾斯的世界，還有一個令人訝異的地點與亞瑟有關，亞瑟在生死之間，等待成為未來的國王。這地方就是西西里島的埃特納火山。根據十三世紀初英國人所寫的奇觀故事集描述，他的身體被安放在火山裡，毫無痛苦。堤博利的哲威寫道，亞瑟安詳地靜臥，等待重返人世的奇蹟，或者等待天堂的昇華。於是，亞瑟又與我所稱作「煉獄的誕生」有關，這地點仍搖擺於愛爾蘭和西西里之間，而這位塞爾特的國

電影保存了記憶，並讓亞瑟的神奇佩劍成為主角。
約翰‧布爾曼的《神劍》，一九八一年；美國。奈
吉爾‧泰瑞飾演亞瑟。

王，可能是基督信仰所孕育出的煉獄中最早的居民[2]。

但是在基督教的歐洲，沒有全能英雄，也沒有無瑕的奇觀，這個特質一直保存到今天。英雄只是一個凡人，而凡人都是罪人，所以相對於封建的忠誠，必然有惡人的背叛。而且，君主專治的意識形態雖然將國王塑造成一位英雄人物，卻沒有賦予他「絕對」的性質，這是到了文藝復興及十七世紀古典時期才致力加諸於國王身上。亞瑟是罪人，亞瑟也被出賣。屈服於色欲下，亞瑟和姊姊結合，這段亂倫之情生下了莫得列。人物愈是偉大，罪行愈是嚴重，國王與英雄常有亂倫之舉，查理曼亦然。至於亂倫的結晶莫得列，這個叛徒之死也導致亞瑟自身的死亡。如果亞瑟還被背叛過另一次，那就是妻子關妮薇與其侍從蘭斯洛特私通；不過，亞瑟自己也背叛過關妮薇好幾次。

在蒙茅斯的傑佛利之後，亞瑟的風潮不斷擴張。首先，是拜英國金雀花王室的政策所賜。政治利用英雄是一個重要的歷史現象，特別是在中世紀和歐洲歷史裡。在這個歷史神話的溯源競賽中，在德國人與法國人逐步將查理曼據為己有之際，英國王室則極力推崇亞瑟。於是在歐洲歷史中，亞瑟與查理曼一起扮演一對雙面的角色，時而互補，時而互斥。

亞瑟之受歡迎，在十三世紀初期熙篤會教士海斯特巴赫的西濟筆下，即可窺見一斑。他在《神蹟對話錄》中寫道，修院院長講道時，修士都在打瞌睡，院長突提高音量說：「弟兄們，請聽我說，請仔細聽，我要告訴你們一個嶄新又非凡的故事：從前從前，有一個國王名叫亞瑟。」聽到這個名字，修士全醒來，振作精神專心傾聽；亞瑟甚至成了修道院中的英雄。亞瑟形象在中世紀社會風行，甚至跨越到貴族社群外的另一個例證，是「亞瑟」這個名字的流行。從十三到十四

亞瑟與繪飾棺槨上的死者臥像，非常現代的象徵主義。羅塞提以聳動的方式結合了兩個主題，死亡或昏睡的國王與褻瀆屍體的不貞，王后關妮薇在猶豫是否接受騎士蘭斯洛特的吻。羅塞提的《亞瑟之墓》，一八五四年；倫敦，私人收藏。

世紀，由一個姓與一個名結合的現代化姓名傳統，正在基督教的歐洲逐漸成形，特別是在城市的社會階層裡。帕斯杜侯清楚地彰顯出亞瑟之名，還有主要圓桌武士名字的風行。他還強調受洗的名字絕非毫無涵義，這是「第一個社會的印記，第一個屬性，第一個徽飾」。他從大約四萬個製作於十五世紀末前法國章璽上的銘文，研究圓桌武士名字出現的頻率。其結果顯示，「取法亞瑟王」已成為標準的城市文明現象，在某些地區如荷蘭、義大利，真正的亞瑟熱潮一直擴展到十六世紀中葉。至於法國，亞瑟人名學集錦的冠軍是崔斯坦，共有一百二十則；接著是蘭斯洛特，有七十九則；但亞瑟也相去不遠，有七十二則，遠超過高文（四十六則）和帕西法爾（四十四則）。

在本書的後面還會提到，中世紀英雄的聲譽在十四世紀漸趨式微，但又於十五世紀復甦。正如赫津哈在《中世紀之秋》一書中絕妙地指出，這個世紀是騎士風潮氾濫最熱烈的時代。先是一位英國詩人馬洛里於一四八五年出版的《亞瑟之死》，喚醒了世人對亞瑟的回憶；而十六世紀時將對這位中世紀英雄迷人的記憶完好保存的，則是另一位詩人史賓塞，讓亞瑟在他的《仙后》中復活（一五九〇年）。亞瑟就這麼被英國國族主義擁戴，橫跨了整個十七世紀的意象天地。這尤其要歸功於大音樂家浦契爾，他以著名詩人德萊頓所寫的腳本，譜出歌劇《亞瑟王》。雖然德萊頓一開始就受到國王查理二世的支持，卻直到一六九一年他的作品才終於上演。

之後，在浪漫主義盛行時期，亞瑟的中世紀意象有了相當的變革。他很幸運成為丁尼生的英雄。丁尼生是英國最偉大的浪漫詩人，他於一八四二年出版了《亞瑟王之死》，而且直到晚年，還孜孜不倦地寫作《國王的牧歌》；全集到一八八五年才問世。約在同

一時期，亞瑟在前拉斐爾派畫家的作品裡重獲新生，特別是羅塞提（一八二八～一八八二）和伯恩瓊斯（一八三三～一八九八）。在音樂方面，深受華格納影響的蕭頌，在一八八六至一八九五年間創作他唯一的歌劇作品《亞瑟王》。至於華格納對於中世紀意象天地，尤其是日耳曼意象天地的英雄與奇觀，所扮演的復興功臣角色，我們在後文會提到。

　　最後，中世紀英雄亞瑟和他主要英勇伙伴的威望，藉由電影再獲新生。首先，有考克多將亞瑟的傳奇《圓桌武士》（一九三七）搬上舞臺。二次大戰後，有傑作，也有或多或少偏離真相的電影；這是因為在電影製作人的圈子裡，瀰漫著對中世紀扭曲的觀念。好萊塢製作出的大場面作品，有李查‧托普在一九五三年拍攝的《圓桌武士》（42 頁），或一九六七年由約書亞‧羅根執導的歌舞片《鳳宮劫美錄》。偉大的作品則有布列松的《蘭斯洛特》（一九七四）、侯麥的《高盧人帕西法爾》（一九七八）及約翰‧布爾曼的《神劍》（一九八一）。在史匹柏的名片《聖戰奇兵》（一九八九）中，哈里遜‧福特前去尋找聖杯。至於諷刺作品，不論是嘲笑亞瑟的名作《聖杯傳奇》（一九七五，43 頁），或是由平克勞斯貝主演、泰嘉內導演的《誤闖亞瑟宮》（一九四九），其實也只是反映出這個主題有多麼受到歡迎。末了，英雄亞瑟的最新變形，是否要掛上小布希的面貌？好萊塢超級保守派製作人布魯克‧海默挹注巨資，讓安東尼‧法奎拍了一部大場面的電影《亞瑟王》（二〇〇四年）。他呈現出來的亞瑟、關妮薇和圓桌武士，是在羅馬人占領後，意志堅決的英格蘭英雄，要打退薩克遜人讓國家能繼續其進步之途。他確信「在亞瑟與今天阿富汗、伊拉克的形勢之間當然會有回響。羅馬伙伴占領過大不列

顛，而這個國家擺脫羅馬人的桎梏與蠻族對抗，俾以完成其文明化的
使命。」亞瑟給予我們的震撼從未停止過。

亞瑟與圓桌武士給予好萊塢電影的靈感。劇照裡是
理想的王室配偶亞瑟與關妮薇。國王（梅爾費拉）
頭戴王冠、胸前畫著龍與戴著后冠的王后關妮薇
（艾娃嘉娜），替一場非常好萊塢式的舞會領舞。
這齣電影強調圍繞著亞瑟的宮廷形象。李查・托普
的《圓桌武士》，一九五三年；美國。

在諷刺電影《聖杯傳奇》中的亞瑟，變成混雜的野蠻人，半人、半獸、半植物。泰瑞瓊斯與泰瑞吉廉導演，格雷厄姆・查普曼飾演亞瑟，一九七五年；英國。

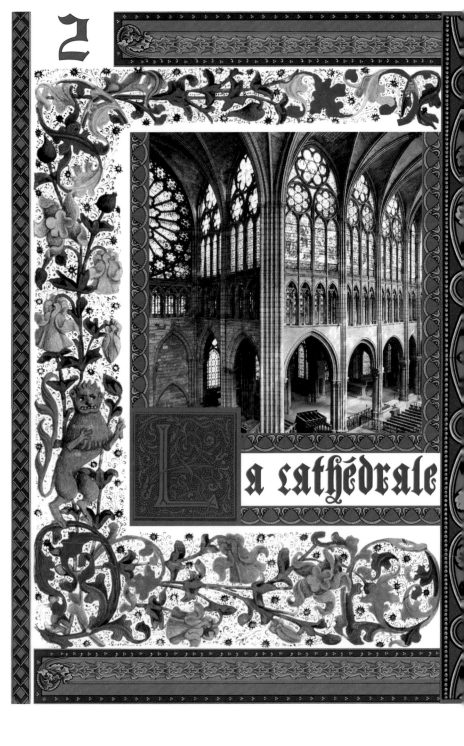

2

La cathédrale

大教堂

中世紀「奇觀式」的宏偉建築，在歐洲的意象天地留下神話般的形象，最具代表性的首推大教堂和防禦城堡。

大教堂指涉了印歐民族中世紀社會的第一階級，也就是僧侶；而防禦城堡則指涉第二階級，即是騎士。我們似乎可以再加上一座建築物，或說一整群建築物，來代表第三階級的生產功能，那就是城市。若與上古城市、工業時代或後工業時代的城市相較，中世紀城市雖有強烈的原創性，但缺少專屬的身分足以列入本書要介紹的種種奇觀。即便如此，我們也不能忘記，在中世紀絕大多數男女老幼的眼中，城市是奇觀、是美景。

大教堂（cathédrale）一詞，在中世紀最初是以形容詞的形式出現，指主教的座堂。直到十七世紀才成為名詞，但這個名詞的形式卻在詞彙領域和意識形態的世界中廣受歡迎。大教堂一詞來自拉丁文 cathedra，意思是座椅，特別是指保留給主教的座椅，這主教的寶座也是大教堂內不可或缺的要素。所以大教堂主要是指主教的教堂，這也是其魅力之所在。同樣值得注意的是，「大教堂」在歐洲語言裡是由兩個不同的拉丁字演化而成。在英國、西班牙、法國用的字是 cathédrale，來自主教座椅一詞。在德國與義大利，大教堂是用另一個字，原義是「家」（domus）的意思：德文是 Dom，義大利文則是 duomo。這比主教座堂更貼切，大教堂是上帝的家，而不只是主教的家。

大教堂之所以能享有特殊威望，是因為其規模之故。不只因為它是每個主教教區內最重要的教堂，且是其他教堂的領袖，更因為它需要容納廣大信徒，必須在視覺上添加本身的威望。大教堂的體積令人懾服，表達其形象的張力，一是雄健的外觀，一是壯麗的內景。循此觀點，大教堂表達了內在與外界的水乳交融，直指中世紀精神與感官世界核心的最好建築形式。其震懾人的形象，於二十世紀再次因空照

達戈貝下令建築聖丹尼斯教堂。大教堂或它前身的
修院附屬教堂,皆是中世紀國王和建築家最具代表
性的工地。取自《法國編年史》,一三五〇年;倫
敦,大英圖書館,手稿編號 Cotton Nero E. II,第
73頁。

圖的運用而得到肯定。時至今日，無論近觀、遠看，內裝、外型，甚至從空中鳥瞰，大教堂仍是超乎常規的建築物。摩天大樓是唯一能以其體積與大教堂相頡頏的建築物，尤其是高度。但即使摩天大樓賦有相當的象徵意義，但顯然不具有大教堂隨時可見的精神層面，不論是無神論者或基督教之外的其他宗教、文化的成員，皆能感受得到。

大教堂是有長遠歷史淵源的公共建築，出現於四世紀，在今日仍有雙重生命：一是教堂的功能，持續不斷祭典的舞臺；一是在意象天地裡玄奧的生命。大教堂看似永恆，但其實少有建築物像它們深受歷史變遷的影響。大教堂誕生於在四世紀，因為羅馬帝國開始承認基督教為宗教，接著定為國教，主教也因而提升為享有權力與威望的大人物。

從中世紀前期到西元一千年為止，大教堂不只如其名稱所示的巨大單一建築，它還是城中之城，是整個建築群，稱作「主教建築群」或「大教堂建築群」。這個完整的群體通常包括兩座教堂、一個受洗堂、一座主教公署、一棟神職人員的住所、一間「上帝之家」（即醫院）及一所學校。之後，第二間教堂消失了；受洗堂併入教堂內部，成為比較樸素的洗禮臺；神職人員的住處變成司鐸的內院；主宮醫院則獨立出來，並與從十二至十三世紀開始不斷增設的醫院競爭；學校也與大教堂分離。在卡洛林王朝時期，大教堂的改變是司鐸擁有專屬的空間，在外有司鐸的內院，至於內部，祭壇裡則設立司鐸專用的禱告席。整體而言，信徒的位置與神職人員開始有了區隔。祭壇被藏在信徒的視線之外，主持彌撒者不再面對信徒，而是背對他們；在主教、司鐸、神職人員與信徒大眾間，大教堂很吃力地扮演整合文化與禮拜儀式的角色。

夏爾特大教堂的空照圖。夏爾特的羅曼式大教堂，
除了正面外，其餘皆毀於一一九四年，約於一二二
〇年前後重建。以保存有十三世紀的彩繪玻璃著
稱，這是全法國最富麗的收藏。這張空中鳥瞰圖彰
顯出祭壇的長度、不可或缺的穿堂交叉，但最重要
的是一幅由空中看到的景象。中世紀保留給上帝的
景觀，今天所有人都有緣得見。

教堂的演變，尤其是大教堂，同時也受到歷史演變中整體環境的影響。在這個演變過程，可以大致分成兩大主流：一方面是人口的蓬勃發展。西方世界的人口在西元一千年至十三世紀間，可能增加了一倍。另一方面，大教堂內開放給信徒的空間，或多或少成為世俗的群體空間，變成民眾集會與社交的場所。在這個都市化繁榮擴展的時代，大教堂也密切參與，成為一種室內的市集。不過，我認為第二道歷史主流才是徹底改變大教堂規模與外貌的主要原因；可以稱之為建築流行。面對將功能取向視為歷史演變主要動力的支持者，我們在此要強調，從十一、十二世紀起「流行」的重要性。在品味轉變的驅使下，建築風格才由羅曼式進入哥德式。然而，哥德式風格竟賦予了大教堂得以實現其原創特質的絕佳機會，這也是它從四世紀開始即顯現的特質。

　　高度的勝利，輝映廣大內部空間光線的勝利。鐘塔與尖頂的伸展，強調了由高對低的優勢，還有騰空的鈞力，這一切都是哥德式風格獻予大教堂，以表現中世紀精神世界的特性。雷西特彰顯出哥德式建築完全新穎的價值，是種中斷的特色，而非從羅曼式到哥德式之間假設的貫連性。他說：「哥德式建築促成了其與古羅馬和早期基督教時代的首次根本決裂。反之，羅曼式建築卻承續了這個傳統。這決裂是以技術的更新為本，包括發明交叉肋拱以支撐穹頂、開始使用扶壁及石質窗框與薄壁的精心製作。它們一步步地允許建築物愈來愈高、愈來愈輕盈、愈來愈明亮。還不僅於此！哥德式建築偏好不斷擴充的線條裝飾，呼應著愈來愈受肯定的理性精神，每一個支撐物與其特定功能之間的和諧。這些裝飾賦予建築本體一種可塑性，使陰影與光線在其間進行饒富戲劇張力的對話，造成視覺效果的突出。同時，教會

布爾日的大教堂。聖艾堤安大教堂是哥德式誇張風格的寫照，建於十二世紀末至十四世紀初，是最龐大的哥德式大教堂之一。以五座中殿向五扇正門開啟而著名。教堂側道的抬高，傳達了哥德式大教堂向天飛躍的力量。

愈來愈明顯的關注，以耶穌肉身降臨人世為一切的優先[1]。」

　　哥德式風格與大教堂的交會，是在眾多歷史現象影響下發生的，所產生的衝擊持續至今。首先是葛里果改革，重新提高主教的功能，使教會得以在十二世紀後半期，脫離世俗封建制度的掌控。其次，在興建大教堂過程中，國王的角色日趨重要。建造一座大教堂必須要有王室許可，而國王行使許可權時，更是與他們從十二世紀末以來便悉心建構所謂的現代國家息息相關。於是，大教堂自此與國家和國家治理結合；大教堂從城市的宏偉建築，搖身一變成為國家的宏偉建築。哥德式風格也增加了大教堂結構中理性的一面，美國藝術史大師帕諾夫斯基則強調，大教堂的哥德式風格與士林哲學思想兩者間的平行關係。直到今天，大教堂依舊是歐洲精神特質、信仰與理性結合最重要的表現方式。最後，這個時期也是基督教世界財富遽增的時代，主要歸因於農業進步和過剩農產品的銷售。在讚美夏爾特時，佩稣說得很對：大教堂是「永遠不會凋敗的麥芽」。而美國藝術史家克勞斯的研究也推翻了一個幻想：所謂中世紀信徒物資與勞力的捐獻，得使大教堂的興建不需金錢。他說「黃金才是（建築大教堂的）灰泥」。

　　哥德式風格使大教堂得以更清楚地展現建築每一單元的深度內涵，教堂的大門即是如此，特別是西面的正門。大教堂的正門是迎接信徒之門，其中第一個偉大的成就，是建於十二世紀西班牙聖地牙哥大教堂的「榮耀之門」（右頁）。它強調大教堂救贖的功能，提出基督在〈福音書〉的宣示「我就是門」，意謂天堂的入口是要通過個人的虔誠，並藉此強調大教堂的末世特質，而此一特質亦可見於另一種建築形式，就是迷宮。但很不幸，因為中世紀後神職人員的無知，除了夏爾特大教堂裡的迷宮，其餘都沒有保存下來。正門同時讓雕像從

西班牙聖地牙哥，榮耀之門。除了這座裝飾華麗的大門，聖地牙哥大教堂屬於十二世紀羅曼式風格。榮耀之門強調了耶穌的救世意涵，如祂所宣稱「我就是門」。對朝聖者而言，漫長旅途的終點，就是在使徒雅各的守護下，步入救贖的榮耀裡。

大教堂內部完全凸顯出來，位於大教堂正門露天位置，提供兩大形象給建築本身，並供信徒瞻仰。其一是猶大和以色列國王的形象。在巴黎聖母院，它們很容易就與法國國王的形象同化；在法國大革命時期，這些國王的頭慘遭砍下，到一九七七年才在巴黎一座民宅找回。其二是基督教所提出的歷史形象，最後的審判，也是歷史時間的結束。

我們現在必須提到大教堂顏色的問題，因為直到最近，這都還是廣為討論的議題。艾蘭德・布蘭登堡一篇傑出的專文〈當大教堂有漆色時〉，強調今日大教堂不論外觀或內景的時空錯亂。但是，狂熱支持回歸色彩的人不應忘記，尤其當他們精心製作通常可茲議論的「聲光表演」時。在過去，大教堂融合於雕塑及織毯的顏色，是教堂全然迎向神聖的白色強光。

哥德式大教堂的黃金時期，就是杜比在其鉅著《大教堂的年代》中所定義的時代，此書還拍成一齣很美的電視影片。這個時代從一一三〇到一二八〇年。杜比認為在此期間「歐洲文明的視野發生了根本的改變」，而刻畫這個時代的就是興建大教堂的特殊競賽，教堂愈來愈龐大、愈來愈高聳。這即是詹培爾所稱的「世界紀錄的精神」。在中世紀由大教堂所展現的例子，到了二十世紀就成為建築「世界最高」摩天大樓的精神。最大的亞眠大教堂（右頁），占地七千七百平方公尺，建造時間從一二二〇年到一二六九年；巴黎聖母院，從一一六三年開始建造，其拱頂高度為三十五公尺；夏爾特的聖母院，從一一九五年開始興建，拱頂高度為三十六點五公尺。一二一二年時，蘭斯聖母院的拱頂已達三十八公尺；亞眠聖母院則於一二二一年達到四十二公尺高的拱頂。然而過度的結果，是接踵而至的災禍，特洛瓦大教堂的拱頂在一二二八年崩垮，桑斯大教堂的鐘塔

亞眠大教堂，大體完成於十三世紀，以和諧的體積與華美的正門雕塑聞名，即亞眠的「美的上帝」。近來玫瑰圓窗與正門的照明，無論效果如何，都企圖尋回多彩雕像的光芒，以及建築、雕塑受陽光或火炬照耀的視覺感受。理性與哥德式技藝的傑作，大教堂持續向大自然尋求部分的美感。

在一二六七年倒塌。之後，災禍更有象徵意義，博韋大教堂的祭壇拔高至創紀錄的四十八公尺高，卻在一二八四年倒塌。

這段期間，興建哥德式大教堂的運動在法國特別活躍，尤其是大巴黎地區，故以有人將此藝術稱為「法國藝術」。而法國的某些大教堂也確實成為法國南部或歐洲其他地區大教堂的典範。如在一一七四年火災後重建的坎特伯里大教堂，是取法於桑斯大教堂；自一二二〇年開始建造的西班牙布哥斯大教堂，模仿法國的布爾日大教堂（51頁），有五個中殿；另外在一二四八年後興建的科隆大教堂，則以亞眠和博韋大教堂為典範。教宗克雷孟四世原先是納爾榜的樞機主教，他在一二六八年公開表示，希望該城未來的大教堂能「模仿」法蘭西王國北部的大教堂。真正的重點是，大教堂很快就遍布全歐洲。在斯堪的那維亞，十二世紀時建造的倫德大教堂，仍是瑞典的羅曼式教堂；而丹麥的羅斯紀爾德大教堂，則已從羅曼式轉變為哥德式，並成為國家大教堂。十四世紀的布拉格亦然，日耳曼皇帝查理四世建造大教堂時聘請了法國監工；格涅斯諾在十四世紀重建時，也改採哥德式，並成為波蘭的國家大教堂。至於在西班牙南部的天主教徒，他們在塞維亞大教堂納入一座令人讚嘆的伊斯蘭式鐘塔「吉拉爾達」。

不過，十四世紀的經濟危機，使許多大教堂經濟來源枯竭。於是，歐洲各國土地上留下不少未完成的大教堂，它們成為未竟偉大夢想的化身、懷舊的遺跡。法國納爾榜大教堂如此，義大利西也納大教堂、米蘭大教堂亦然。在十四世紀，米蘭人想要完成大教堂的建築時，它卻成了論戰主角。一方面，建築大教堂的技術工人是隆巴底的泥水匠；另一方面，法國監工卻以數理科學的技能著稱。這是傳統手工藝技巧與學院知識的對立。因此，大教堂直到十九世紀都未完工

米蘭大教堂，代表了大部分歐洲國家對大教堂長期
以來的著迷。建築年代較晚。十四、十五世紀，環
繞著隆巴底泥水工匠傳統與法國建築師知識的論
戰，直到十九世紀初才在拿破崙的命令下，根據一
份裝飾草圖的概念完工。所以，我們看不到某些中
世紀哥德式大教堂的主軸。

（57 頁）。但這論戰最足以代表如大教堂這般非凡大型建築所遭遇的問題 [2]。

在繼續探討十五世紀後大教堂的發展前，應該先指出「大教堂」一詞，今天已經成為普通名詞，可用以指稱任何偉大或成就非凡的建構，特別是用於表示某些思想的建構及中世紀的文學藝術。帕諾夫斯基將阿奎那的《神學大全》視為士林哲學的大教堂，而杜比則將但丁的《神曲》稱作「大教堂，最後一個大教堂」。

即使十六世紀不再新建大教堂，甚至既有的大教堂還遭到新教徒野蠻的破壞，但大教堂的哥德式樣仍然保存。因此，奧爾良的大教堂於一五八八年被新教徒摧毀後，重建時依舊採用哥德式風格。另一方面，特利騰大公會議開啟了新的運動，一來重新開放非教徒得以進出大教堂區，一來撤除某些外部建築與設施，讓教徒不再被排擠於中殿末端。天主教「反改革運動」的大教堂，企圖在空間與結構上，傳達此類建築的社會與象徵性特質：這是所有人虔敬信仰與情感的場所，從主教到最普通的信徒皆然。於是，直到十九世紀初，除了在奧賀與阿爾比之外，所有分隔式的祭廊都被拆除。之前已提到，十八世紀是大教堂的考驗期，因為「理性派」的主教和司鐸對這些建築物的意象天地無動於衷。於是，白色的油漆蓋過色彩，色澤繽紛的彩繪玻璃被換成大片毛玻璃，迷宮也就此摧毀。不過，法國大革命是對大教堂更嚴厲的考驗。因為大教堂與王室的關聯，因為聖物所累積成的財富，因為要摧毀信仰與理性之間的聯繫，大教堂於是成為革命分子的攻擊的目標。在巴黎，大教堂更名為「理性的殿堂」；在史特拉斯堡則變成「自然的殿堂」。所幸，除了極少數的例子外，並沒有大教堂遭到拆毀。

聖丹尼斯大教堂的祭壇與北穿堂。聖丹尼斯教堂在建築之
初及接下來的幾個世紀，是一座極具勢力修道院的附屬教
堂。直到最近新設了聖丹尼斯主教教區（一九六六），才
成為主教座堂。由聖珍妮薇芙於五世紀興建，七世紀由國
王達戈貝重建，之後在國王矮子丕平與查理曼時期第三次
重建。查理曼於七七五年祝聖啟用後，它又成為法國國王
的墓室。十二世紀，國王路易六世和路易七世的機要顧問
修院院長蘇傑，下令以一種新的風格重建此教堂，也就是
後來所稱的哥德式藝術。聖丹尼斯被視為哥德式大教堂建
築與意識形態上的始祖。它輝耀於湧入的光線、挑高的拱
頂與窗戶，讓人將大教堂與偉大的士林哲學大全相比擬。

法國大革命重拾四世紀時君士坦丁的政策原則，行政區的規畫與教區的劃分一致，主教教區因而依附於新劃分的行省；主教座堂的數目減少到八十三個。拿破崙甚至還把主教教區減少到五十二個，如此一來，他便可以就近監視主教，使他們成為服從命令的高級公務員，服從這位命令下達給「我的將軍、我的省長、我的主教」的元首。

　　不過，王室復辟時期，又恢復了八十三個主教教區。法國大革命才剛結束，大教堂便又為一股新的象徵動力所擎起，成為浪漫主義的一大神話。替大教堂謳歌的作家是夏多布里昂。在大教堂的結構中，他刻意忽略石材，好讓原始的木材復生，以此賦予大教堂高盧森林的神聖起源。自此，浪漫主義將大教堂比作森林的隱喻歷久不衰。如波特萊爾的吶喊：「巨大的樹林，你們如大教堂一般令我驚駭。」

　　大教堂重生的關鍵時刻，是雨果的小說《鐘樓怪人》。十九世紀末，尤其在法國浪漫主義的軌跡下，大教堂的神話蓬勃燦爛。如魏廉的詩意高翔：

　　被十字架獨一無二的瘋狂所引領，
　　在你石頭的雙翼上，噢！瘋狂的大教堂。

　　余思蒙在《大教堂》（一八九八）一書中，建構了一座象徵性的大教堂，其靈感來自羅斯金的藝評。在康斯塔博和腓特列畫下浪漫派的大教堂之後，莫內畫出他的印象派大教堂，盧昂聖母院呈現在日復一日的千百光影與色彩下（右頁）；而德布西則以音樂喚起「淹沒的大教堂」。

　　然而到了十九世紀，還有另外兩大趨勢增強了大教堂的威望。

印象派的大教堂。根據印象派的新繪畫技術理論，莫內從一八
九二到一九〇四年，重拾中世紀時男女老幼的目光，觀看照亮
大教堂正面，從晨曦到黃昏變幻的光影。他的模特兒是盧昂大
教堂，教堂的正面是十五世紀的建築。時至今日，這是該建築
最後的繪畫變形，它自中世紀以來即滋養著意象天地。
左上：「盧昂大教堂，晨光，藍色和諧」；巴黎，奧塞美術
館。右上：「盧昂大教堂，正門與聖羅曼鐘塔，正午，藍金和
諧」；巴黎，奧塞美術館。左下：「盧昂大教堂，陰天，灰色
和諧」；巴黎，奧塞美術館。右下：「盧昂大教堂正門，陰
天」；盧昂，盧昂美術館。

在德國，浪漫主義連結了日耳曼傳統、政治勢力及大教堂的哥德式藝術，使彼此關係愈來愈緊密。其最偉大的宣示，即是科隆大教堂的完竣。科隆大教堂的工程始自一八二四年，持續到一八八〇年，德皇威廉二世親自主持隆重的啟用儀式。另一個核心運動，則是如米敘列所說，對歷史新的熱情和復興完整過去的種種努力當中，大教堂「科學式」的修復工程；這個精神與實踐的化身就落實於巴黎聖母院。建築師的先驅韋泰，已做好準備工作。在《諾楊聖母院專論》（一八四七）一書，他堅持哥德式大教堂的「起源和新式建築的進步，與十二世紀的社會革命有關」。巴黎聖母院的偉大修復者維歐磊杜克呼應此觀念，他於一八五六年出版的《法國建築類編辭典》中寫道：「在十二世紀末，大教堂的崛起是種需要，是對封建制度的大聲抗議。」而維歐磊杜克更堅信「對我而言，十二與十三世紀的大教堂象徵法國的國魂，而且是國家整合最有力的嘗試」。

對於熱愛歷史的十九世紀，熾燃著國族主義，沸騰著民主精神，大教堂是偉大的建築古蹟。環繞著它的政教分離衝突，從十九世紀末到二十世紀初，歷歷可見於當時大文豪、大藝術家面對大教堂的態度。若是如大雕塑家羅丹在其著作《法國大教堂》（一九一四）中宣稱「大教堂是國家的總合，全法國都在大教堂裡」，並且認為它們是永恆的，那麼《追憶似水年華》的普魯斯特，則目睹大教堂的逝去，因此才於一九〇四年八月一日的《費加洛日報》發表了一篇絕望的專文〈大教堂之死〉。

然而，在二十世紀，大教堂非但沒有消逝，反倒可稱之為大教堂的重生時期，而非頹落。身為信徒信仰禮拜的場所及令觀光遊客感動的宏偉建築，大教堂在兩種角色中取得平衡。大教堂持續被視為神話

德國浪漫派大畫家腓特列（一七七四至一八四〇）於一八一八年前後，畫下這座超凡的哥德式大教堂，這是浪漫主義意境的傑作。天使的樂聲聯繫於朝向天空躍起的巨大鈞力。喬治·夏佛收藏。

般的特殊地點，於一齣非常轟動的舞臺劇中得到印證。因英王亨利二世的唆使，一一七○年坎特伯里大主教湯瑪斯‧貝凱特在他的大教堂中被害。美裔的英國大詩人艾略特以此為主題，於一九三五年寫下《聖堂謀殺記》，風靡了整個西方劇場。

梵蒂岡第二屆大公會議給予大教堂一個平衡的定義。最後，大教堂又增添了新的威望與意義。根據渥薛借用諾拉的說法：大教堂成為「記憶的場所」，而雷西特依據所見之於所信的這種因果關係的觀點，稱之為「視覺系統」。大教堂始終是賦有魔力、令人著迷的場所。

3

Charlemagne

查理曼

查理曼這位歷史人物，
是中世紀歷史與意象天地的偉大見證，
生前就已漸漸成為一種神話。

他的生平（七二四～八一四）與執政時期（七七一～八一四）的特點，有幾項促成了查理曼形象演化為神話英雄：入主大位、戰爭、征服、接受教皇加冕、為全帝國創建重要體制及政令，還有保存了在歷史中號稱「卡洛林復興」文化政策的光芒。

查理主要是法蘭克新王朝的繼承人。他與父親矮子丕平、英年早逝的長兄卡洛曼（卒於七七一年），是最早兩度接受祝聖禮的法蘭克人；第二次是在七五四年，典禮由教宗斯德望二世主持。

查理曼是一位戰士，多數中世紀英雄的特質皆如此。令世人訝異的是，他重大且頻繁的軍事行動、他的勝利與他的征服。他的主要敵人是日耳曼民族，即所謂的薩克遜人；他對敵人非常凶殘，尤其是處決大批戰俘的手段，即使當年最崇拜他的人亦覺得過分。他繼續揮軍向東，征服了巴伐利亞人、阿瓦人，在義大利擊敗隆巴底人，順理成章地扮演起教宗保護者的角色。在這個龐大王國的邊緣，建立了一道緩衝地帶，蜿蜒的邊界被稱作「陣線」，在日耳曼語是 Mark，法蘭克語則是 marches。設置此區域主要是用來對抗入侵的斯堪的那維亞人、斯拉夫人、不列塔尼人及西班牙北部民族。查理曼是西方自五世紀末以降，第一位在羅馬接受教皇加冕的君主。西元八○○年的耶誕節，教宗李奧三世為其在梵蒂岡聖彼得大教堂加冕，而非羅馬的聖約翰德拉特朗大教堂，因為後者只是教宗身為羅馬主教的座堂。自此開始，查理曼在整個中世紀的形象因而混淆，如同亞瑟。基本上，查理曼只是一位國王，法蘭克人的國王。但由於這個皇帝的頭銜，伴隨在羅馬加冕的特殊儀式，使他成為獨特的人物。他勝過其他基督徒國王，因為他的威望銜接上古、結合羅馬帝國。在國王身分與皇帝身分間的曖昧之處，既是他的優勢，也是他的弱點。若查理曼因而自認較

查理曼,征服者與戰士。頭戴著王冠,率領騎兵大
軍進入靠步兵來抵抗的西班牙。從十二世紀起,查
理曼化身為十字軍,旌旗使人想起中世紀是一個充
斥標誌的文明。手稿,十四世紀;威尼斯,馬期亞
納圖書館。

別的國王高貴，在某種程度上中世紀的其他皇帝亦然，也因此他與國王的身分疏遠；但國王才是中世紀政治權力最獨特、最崇高的形式。遊走於國王職權與皇帝職權間的玩弄手法，正是卡洛林王朝終以曇花一現的結局收場的一大主因。歐洲的演進是朝向國家的建立，而非帝國的運作。在查理曼的庇蔭下，隨後的皇帝被迫創建一個混雜的政治單元──日耳曼的神聖羅馬帝國，必須同時強調日耳曼本質的重要及羅馬加冕的威信。

直到最近，查理曼神話主要仍盛行於其帝國的後裔國家內。當代的查理曼開始在三個領域取得神話般的風貌。首先是空間，因為他的帝國幅員超乎想像的廣闊。其次是制度，特別是頒布通行適用於全帝國境內的法律「國王敕令」；設立巡迴各地的國王代表，稱之為「欽差」（missi dominici）。最後是文化，他替未來的僧侶和貴族子弟設立學校；這原本只是次要環節，但日後卻真正取得了神話式的重要性。查理曼死後才獲得「大帝」（magnus）的諡號，亦即名字中的「曼」。這是在他過世後不久，九世紀期間的事。從此，大帝與他的名字查理牢牢結合，我們只能以查理曼為他唯一的稱號。而歷史到神話的過渡時期，約在八四○年，一位法蘭克貴族艾金哈爾德為其立傳《查理曼生平》。他對查理曼認識極深，尤其是皇帝晚年。他試圖要給予他書中人物一個寫實的形象，但終究還是流於搬弄。一來是因文體格式之故，他摹仿羅馬人蘇埃頓《十二帝王生平》的形式寫作；再者是身為法蘭克人的愛國心作祟。他遵循古羅馬的範本，先描述查理曼的身形外貌，之後就成了他的神話形象。首先，查理曼的外表就令人嘆為觀止，這個特色在日後還會愈來愈強。皇帝風度翩翩，身高超過兩公尺，「身軀頂端是渾圓的頭顱，巨大的雙眼炯炯有神，鼻子稍

十五世紀的國家神話中，兩幅查理曼的形象。上圖：身為法國
國王，手持權杖，頭戴王冠，外袍上的百合花則是時空錯亂的
結果；查理曼派遣使節至王國各處，亦即著名的「欽差」，中
央集權極力用以統一帝國的工具。下圖：西元八○○年，查理
曼在羅馬的聖彼得大教堂，由教宗李奧三世加冕；無論是出於
自願或被迫，這都是回溯至古希臘羅馬盛世的野心。《法國大
編年史》的手稿插畫，一四五○年；沙托魯，市立圖書館。　　　查理曼　　69

微大過常人，一頭美麗的白髮，面容開朗喜悅。」但艾金哈爾德又說，查理曼的脖子又肥又短，肚子又大，聲音則太過微弱。這幅他所描繪的肖像裡，只有他巨人身形在啟墓時可由遺體得到印證。

根據李奧納多對艾金哈爾德《查理曼生平》一書的卓越分析，我們得以了解，即使查理曼有日耳曼的身分，即使他嘗試將羅馬傳統據為己有，但自始至終還是如維奈所言，「從頭到腳都是法蘭克血統的國王」。如同一般英雄，尤其是中世紀英雄，查理曼一方面與某些地點有所關係、一方面則與他的墳墓有密切關聯。通常對聖徒和國王這些中世紀主要英雄的崇拜，都是由他們的墳墓及其周遭開始發展。從西元八○○年的加冕典禮後，羅馬就率先成為與查理曼相連的地點。爾後，尤其是從他決定要定都開始，亞琛成了首選之地。在此前，國王周遊各處，曾多次居留他所征服的薩克遜邦，特別是帕德伯恩。亞琛是查理曼生前的大工地，除了要強置他的形象，也要在他死後能轉化成神話。巨大的典禮廳和八角形禮拜堂，分別坐落於兩條環繞王宮（亦是帝宮）的長廊盡頭，宮殿於是賦有政府與王室家院的雙重功能。亞琛是唯一一個中世紀英雄的首都，但這個首都很快就沒落了。它不再是帝都所在，只有新皇帝以日耳曼國王身分加冕時，才會於此舉行典禮，而這作用到十六世紀初也停止了。在查理五世一五二○年加冕、費迪南一世一五三○年加冕後，法蘭克福便取代了亞琛的功能。之後我們會提到亞琛最近的重生。查理曼陵寢歷來的遭遇，在哈德《墳墓與掌控》一書中（二○○三）有詳盡的敘述。對查理曼遺體的著迷，是因為啟墓者認為能獲得權力的展拓，以致他的陵寢被數度開啟。在西元一○○○年可能有一次、一一六五年確定有一次，而在二十世紀還有好幾次，最後一次則是在一九九八年。西元一○○○年

1er Huitième année. — N° 913　　　　Huit pages : CINQ centimes　　　　Dimanche 5 Août 1906.

Le Petit Parisien

SUPPLÉMENT LITTÉRAIRE ILLUSTRÉ

Le Petit Parisien
Huit pages
5 centimes

LE SUPPLÉMENT LITTÉRAIRE
5 centimes

ABONNEMENTS

DIRECTION: 18, rue d'Enghien (10e) PARIS

A AIX·LA·CHAPELLE

OUVERTURE DU SARCOPHAGE DE CHARLEMAGNE

從中世紀到今日，查理曼無疑是最常被開棺的顯赫
死者。他的遺體使開棺成為天經地義的事，也令人
了解著名的死屍具有何等聲望。法國通俗報紙《小
巴黎人》，一九〇八年八月號；在本期的文學副刊
裡，記載德皇威廉二世親臨亞琛，主持最近一次查
理曼的開棺儀式。

查理曼　　71

的啟墓，是皇帝奧圖三世下的命令，他十分在意要莊嚴地宣示查理曼對奧圖王朝的庇祐。但實情絕對不是像編年史家諾瓦勒斯的記載，時約一○三○年：

> 我們進入墓穴，來到查理面前。他不是躺臥，如其他死者屍身的姿勢，而是如活人般端坐於寶座上。他戴著黃金王冠、雙手握著權杖、手套被長出來的指甲刺穿。寶座上有大理石的華蓋，我們必須擊開一部分，方得以靠近。
> 當我們進入墓穴時，氣味非常濃重。我們屈膝跪下，向他膜拜。皇帝奧圖三世立刻替他披上白衣、剪齊指甲、整理好凌亂的四周。腐化的情形未及四肢，除了鼻尖的一小塊，但皇帝馬上在此覆蓋一片金葉子。他還從死者嘴裡取出一顆牙齒，下令修復華蓋後才離去。

即使真有啟墓一事，因為它頗符合奧圖三世的神祕品味和西元一○○○年時的心靈感受，但查理曼的屍體絕不可能坐在墓中[1]，因教會不可能接受這種儀式。這段虛構的情節，只是要彰顯對王室英雄而言，王室器物之重要。在查理曼的寶劍「歡喜劍」之外，又加上王冠，此處還加上寶座。不過，就算查理曼的屍體不斷被騷擾，好強化其英雄形象的威望，死者和骨骸畢竟是英雄也會枯朽的證明。骨骸給予開啟查理曼陵墓者的警訊，就是王室英雄也如常人一樣，必須待到世界末日時，才有復活的契機。此外，如同亞瑟，查理曼也具有王室英雄的另一特色，那就是他們的弱點，因終究不是聖人。查理曼才過世不久，眾人就開始談論他的罪愆。靠著教會的幫助，查理曼掩飾了

休棄多位嬪妃之事，這也顯示法蘭克國王是多妻制。皇帝對他幾個女兒特別的感情，也讓人早有亂倫的懷疑。如前文提到，亂倫的懷疑很自然地加諸王室英雄身上，查理曼的罪行就是與姐妹亂倫，而亂倫的結晶就是羅蘭。於是在查理曼身上，再次看到中世紀的慣例，王室英雄身旁圍繞的是家族成員及功勳彪炳的騎士。在這個神話組合中，查理曼和外甥羅蘭構成的一對勇士，中世紀的騎士英雄在孤獨與固定的團隊中演化：一個家庭構成一個宮廷。

西元一一六五年，腓特烈一世於亞琛下令啟墓。由於此事極為轟動，必須特別說明。皇帝於一一六六年一月八日的詔書是這麼寫道：

> ……由於朕對最神聖皇帝豐功偉績的信仰，由於朕的摯友英王亨利相同計畫的激勵，復以教宗巴斯喀閣下聖權的核可及所有教會與俗世貴冑的建議，為神聖皇帝的推崇、景仰與封聖，朕特於耶誕節在亞琛召集隆重大會，該地藏有聖皇遺體，以避敵人覬覦，然拜神啟之賜，朕得以發現。於十二月二十九日，為頌讚基督之榮耀，為帝國之鞏固，為朕愛妻蓓雅德采皇后、皇子腓特烈與亨利之救贖，於王公貴冑踴躍參與之下，於無數教士及民眾面前，於聖靈的頌詩禮讚歌聲中，朕心懷虔誠與敬意，向聖皇獻上推崇與景仰[2]。

在一一六五年的亞琛典禮中，刻畫查理曼神話史的事件，就是皇帝不甚安穩地廁身聖徒之列。上文中，腓特烈一世清楚地說出決定封聖的客觀背景。提出英王亨利二世，是因為他正致力於要求教宗亞歷山大三世為盎格魯薩克遜國王告解者愛德華封聖。至於巴斯喀二世，

則不得不提出一位教宗，因為在正常情況下，只有他才具有為查理曼封聖的權力。可是，腓特烈一世不僅要堅持自己有封聖的權力，也明白巴斯喀二世是靠他的干預才當選教宗，其威望不足以依循教規來封聖。後續的發展果然如此。巴斯喀二世仍被視為偽教宗，爾後教會愈來愈重視將聖權正式保留給教廷，查理曼的聖徒地位終究不為承認。奇怪的是，這個聖徒身分卻一直維繫於查理曼神話的民俗傳統邊緣。接下來我們會看到，十九世紀末，皇帝成了小學生的保護神，聖查理曼節是所有小學的慶典，甚至包括非教會學校，特別是在法國，學業競賽的優勝者還可享受一頓盛宴；在教會聖日日曆之外，一月二十八日成為傳統上的聖查理曼節。

查理曼的神話於整個中世紀不斷發展，接受這神話並發揚光大的主要地區，包括法國、德國和義大利，這也是歷史上構成卡洛林帝國的三大區域。隨著國族情感的擴張，大家爭相宣稱查理曼是該國的守護神，此一論戰在德國人與法國人間尤其嚴重，簡直是一場決鬥。但查理曼神話更跨越了基督教的核心地區，進入斯拉夫世界，他的大名查理被植入語彙中，特別是俄文與波蘭文，為國王的統稱：如 kral、korol、král、krol；這也顯示查理曼的國王身分勝過皇帝頭銜。查理曼神話另一個奇怪延伸，是它與十字軍世界的聯繫。從十一世紀末到十三世紀，查理曼是基督教十字軍歷險的一大領袖、一大保證，這當然得拜暢銷文學之賜，如《羅蘭之歌》和《查理曼之耶路撒冷與君士坦丁堡朝聖記》。查理曼是基督教神話的英雄，且跨出正統基督教空間之外，包括西班牙、拜占廷世界，乃至伊斯蘭教的巴勒斯坦。

查理曼神話甚至滲透到斯堪的那維亞世界。約在十二、十三世紀之間，可能是在挪威國王哈孔四世（一二一七～一二六三）主使下，

查理曼，令穆斯林和平皈依的領袖。自十三世紀以
來，在基督徒的意象天地裡，對話取代了東征的十
字軍。《法國大編年史》的手稿插畫，十四世紀；
里昂，市立圖書館，手稿編號 880，第 1340 頁。

出現以古北歐語寫成的查理曼史詩。《查理曼史詩》內容有十部，第一部概述查理曼生平，第三部附加了英雄「丹麥人歐傑」的故事，第七部則記述查理曼前往耶路撒冷和君士坦丁堡的遠行，第八部的主題是隆瑟佛戰役，第九和最後一部則蒐羅了查理曼生前和死後種種顯靈的事蹟與奇蹟。

然而，查理曼的外貌至此有了改變。艾金哈爾德的英雄即便在晚年，也是身體強健、沒有蓄鬚，但不知何時開始，查理曼變成了「華髯皇帝」。隨著流行的變遷，艾金哈爾德描寫的白髮又牽引出白髯；這演變可與基督面容改變相提並論。《羅蘭之歌》裡的查理曼，下巴妝點著長髯，當皇帝傷心絕望之際，每每手捻白髯哭泣。在德國，皇帝的神話形象在一五一二年達到頂峰，因為杜勒在紐倫堡的聖器室內，畫了一幅偉大莊嚴的查理曼肖像，華髯皇帝的形象從此定型。雖然查理曼神話之後略有消褪，但隨著浪漫主義和普魯士政治大業的開展，它又於十九世紀重新扮演重要角色。

在法國，無疑是拜莫禮塞大作《華髯皇帝：法國神話與歷史中的查理曼》之賜，使我們得以清楚地了解這個神話的演進。十二世紀時，查理曼的地位於偽托的《屠爾潘編年史》一書中獲得確定。此時，卡佩王朝努力要與這個登上帝位的神話式國王攀上關係，亦即所謂的「回歸查理譜系」。這些努力於菲利普奧古斯特在位時開花結果。一方面，國王娶了伊莎貝爾德艾諾，她是法蘭德斯伯爵鮑德溫五世的女兒，據稱擁有卡洛林王室的血統。另一方面，聖馬榭的司鐸吉勒德巴黎，呈獻給國王幼子（未來的路易八世）一篇寫於一一九五至一一九六年的長詩〈卡洛林努斯〉，主人翁正是查理曼。

從十五到二十世紀之間，查理曼雖沉寂於某些時刻，但從未消

查理曼的夢。查理曼的睡姿是中
世紀受托夢者的典型姿勢，這是
大帝在《羅蘭之歌》中的形象之
一。《法國大編年史》的手稿插
畫，十四世紀；卡斯特，市立圖
書館。

浪漫主義的查理曼。查理曼統治了中世紀一切具象
徵意義的城市和地區，圖中描繪的是他率領大軍進
入巴黎。卡洛斯菲爾德的壁畫，一八二六年；羅
馬，馬西莫別墅。

失。且他的神話還在不同的時代輝煌復甦。十五世紀，詩人維庸印證了查理曼在法國意象天地中屹立不搖的地位，他的歌謠〈過去的君主〉反覆迭句正是「但虔誠的查理曼而今安在？」在勃艮第公爵善良菲利追求時髦的宮廷裡，大家熱烈地閱讀《查理曼編年與功勳》。崇拜查理曼的一大高峰出現在查理八世統治時期（一四八三～一四九八），國王自詡為新查理曼，並以查理大帝做為他對義大利戰爭的保護神。人文主義的歷史則呈現了一位較多元的查理曼。當時革命式品味的要求下，推薦給法國人的英雄愈來愈多是古希臘羅馬的英雄，尤其是古羅馬英雄；帕斯切在《法國考據》（一五六〇）中否認了查理曼的聖徒封號。十七世紀的古典時期，又設法提出一位絕對極權的查理曼，做為太陽王路易十四的前例。伏爾泰則將查理曼視為反英雄，並在法國國王神話中以亨利四世加以取代。

查理曼復生的關鍵時刻當然是拿破崙時代，拿破崙親自參與了這項行動。他親訪亞琛，並以查理曼加冕為典範，設計了自己的封帝大典。他不但迫使教宗屈服，還降低其分量，典禮的地點不在羅馬，而是在巴黎聖母院舉行；當年查理曼是低頭從李奧三世手中接下皇冠，而法蘭西皇帝則是自己將皇冠戴到頭上。浪漫主義的熱潮也攫取了查理曼，雨果重拾了英雄神話中墳墓的象徵，在《何那尼》劇中（一八三〇），他讓未來的查理五世跪在查理曼的墓前。

啊，查理曼！是你！
既然上帝，在他面前所有阻礙都自行消弭，
既然他讓我們兩大君主面對面相遇，
請你從墓穴的深處，傾注到我心裡，

在崇山覆雪的荒野中，浪漫主義的查理曼騎著白馬穿
越阿爾卑斯山前往羅馬。這是將義大利與北方基督教
世界連接的通道；但其實中世紀對此場景完全陌生。
此場景顯示查理曼戰勝大自然的力量，大自然雖能壓
倒查理曼，但仍讓他通過。勒孔特（一八八一至一九
五七）的畫作；楓丹白露宮，戴安娜畫廊。

偉大、崇高、華美的事物！

噢！讓我看見事物的每一面，

讓我知道世界何其渺小，因為我不敢去

碰觸它

……

教導我你征服與統治的祕密，

也告訴我懲罰勝於原諒！

難道不是嗎？

……

噢！告訴我在查理曼之後，我還能做什麼！

　　從十九世紀後半期開始，查理曼的神話逐漸褪色，但卻在另一個領域裡日形重要，這狀況著實令人訝異。如果查理曼不再是小學生的宗教守護神，而成了政教分離後小學生的俗世保護者。他前往學校視察，他是國家教育中用心的督學，彷彿法國十九世紀末推行免費國民義務教育的部長居勒費里，查理曼成了中世紀的居勒費里。最後，在第二次世界大戰後，查理曼又隨著歐洲的建構而重生。當史學家熱烈爭辯他到底是不是第一位「歐洲級」的大人物時，不受電影和電視青睞的查理曼[3]，儼然成為法德兩國和解的象徵及歐洲的守護神。洞察時務的亞琛市政府，在二次大戰後成立「查理曼獎」，不僅頒發給對歐洲整合有功的大人物，如歐洲共同體的先驅尚莫內、舒曼、戰後西德的首任總理艾德諾；也頒發給來自鐵幕後的歐洲要人，如捷克總統哈維爾、波蘭團結工聯的核心人物葛勒梅克；甚至也頒給扮演歐洲保護者的美國政要，如柯林頓。查理曼的例子，最足以代表神化歷史英雄的沉寂與復甦，還有意象天地的歷史連貫。

郵票是意象天地的現代支柱。這裡的查理曼形象是長髯，頭戴十字架覆頂的王冠，扮演其在傳統中小學生守護神的角色。這張二〇〇二年發行的法國郵票，呈現了帝王身形的居勒費里。

德國版的小學教師查理曼。齊爾（一八五六至一九二四）的這幅通俗插畫，將查理曼呈現為嚴厲督學的形象。他讓壞學生戴「驢帽」，這是十九世紀的發明。中世紀皇帝身為知識保護者的形象，於十九世紀後半期歐洲教育普及的環境中民主化。

4

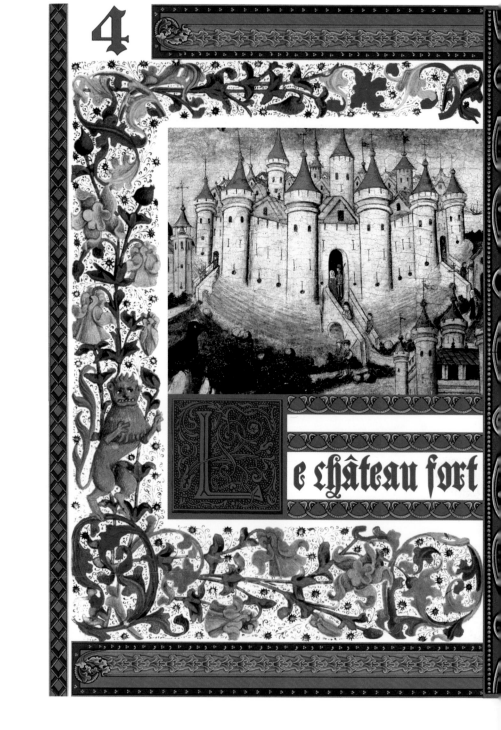

Le château fort

防禦城堡

防禦城堡在中世紀社會和歐洲文明中成為某種神話角色。要到一八三五年，「防禦城堡」一詞才出現在浪漫主義復興後的中世紀意象天地裡。

從中世紀開始，防禦城堡偶爾就會和宮殿混淆。但在現實與神話的歷史中，一定要小心區別兩者。宮殿具備兩大特色有別於防禦城堡。第一，宮殿是王室的居所，至少也是王公的居所；而防禦城堡則是一般領主的住處，即國王可以領主的身分建築防禦城堡。其次，城堡有軍事和居住兩項基本功能，後者主要表現在宮殿上，但前者才是防禦城堡的特色。

「陣線」所及的國度，氏族小公侯的領土，不列塔尼是在法國人與不列塔尼人、法國人與英國人間長期征戰的必爭之地，也是防禦城堡遍布的地區。這幅勒波德的插畫，取自其編著的《不列塔尼編年歷史》，主題是不列塔尼爵位繼承戰爭期間（一三四一至一三八一），一三七三年的德瓦勒圍城戰。一四七五年前後；巴黎，國家圖書館，手稿編號 fr. 8266，第 281 頁。

西班牙的城堡。長期陷於內戰,還有伊斯蘭和基督教的衝突,西班牙成為騎士與傳教士的夢想國度,也是幻想城堡的上選之地。這座城堡既沒有塔樓理想化的形象,也沒有升降吊橋神話式的形象,當城堡的功能日漸趨向王侯宮邸居住與享樂的偏好時,仍保存著防禦城堡軍事階段的回憶。畫者不詳,約為一四五○年;馬德里,普拉多博物館。

防禦城堡與封建制度息息相關，它在歐洲意象天地中從不間斷的形象，證明了從十世紀到法國大革命這整個時代和封建系統，是構成歐洲物質、象徵、社會的現實基本層面。整體而言，防禦城堡從堡壘演進到居所的角色，過程雖然緩慢，但從未間息。由於防禦城堡和軍事行動關係密切，但在十四、十五世紀的技術革命下，因火砲運用，其功能有了決定性的轉變。防禦城堡的城牆無法抵擋火砲，城堡自此停留在聖物、象徵、遺跡的狀態，對多數人來說，更停留在懷舊的狀態。不過，本書所討論的長程中世紀時間裡，防禦城堡有個非常好的定義：它是「供人居住的堡壘」。

防禦城堡在十到十二世紀剛出現時，主要有兩種形式：在北歐，於天然或人工高地上拔地而起的，是塔樓和樸實堅固的居室，這是土崗城堡；在南歐，這類未成熟的城堡多半建於天然陡峭的高地上，這是岩崗城堡。有人認為它們是木造的，其實無論土崗或岩崗城堡，都絕非木造，打從一開始，防禦城堡就是石造建築。和大教堂一樣，防禦城堡是中世紀回歸石材、崇尚石材的見證。整體而言，城堡和修院的迴廊中庭皆未與自然環境隔離。城堡讓封建制度深植在大地上。反之，大教堂雖然君臨一座城市，但仍融入城市中，直到浪漫主義的意象天地才開始呼應到自然，如我們之前提到森林的比喻。但即使歐洲某些地區將城堡建在城市裡，如諾曼第的康城、法蘭德斯的根特，尤其在義大利，城堡還是與田野、大自然相結合。它是封建體系居住空間網中的一個單元，不論是建在現實中，或是歐洲的意象天地裡。

土崗城堡在十一、十二世紀的發展，催化了堡壘的興築，從此在歐洲的意象天地裡，一直是防禦城堡最壯觀的一種形式。塔堡（donjon）的拉丁文字源「領主之地」（dominionem），明白指出防禦

今日法國中學教科書的插圖。奧弗涅地區的溝特儂
防禦城堡，根據雷威爾替波旁公爵繪製的紋章原
圖。城堡加上禮拜堂，俯臨小村落間簡樸的房子，
這是中世紀城市化的一大要素。雷威爾，《波旁公
爵紋章》，十五世紀；巴黎，國家圖書館。

城堡最基本的意義是指揮中心。防禦的鞏固與隨後防禦城堡的興築，本是國王的特權，但封建制度還有另一特色，王室特權被領主剝奪，接受君王託付城堡的城主，很快成為城堡真正的主人。而在杜比所稱的「獨立城主時代」（十一世紀初到十二世紀中葉）之後，展開了封建時期漫長而意義特殊的一頁：國王或王公將城堡收回。不論是諾曼第公爵、英國國王、巴塞隆納伯爵、亞拉岡國王，都輕而易舉從其下貴族手裡收回城堡的支配權。但法國卡佩王朝最初的幾位國王，在十一、十二世紀與大巴黎地區城主的權力爭奪，卻是既漫長又艱辛。

城堡遍布整個基督教世界，最初常是建築在勢力衝突的邊境地區。由於與伊比利半島的伊斯蘭教區接壤，因此加泰隆尼亞從十世紀開始蓋了數十座城堡，卡斯堤爾更因「城堡」一詞而得名。隨著封建制度的建立，在領主的封地上發展出有防禦工事的村莊，或者是讓領地全部或部分民眾集中居住的城堡。涂貝爾曾研究在義大利拉丁平原上的這個現象，提出「入堡居住」（incastellamento）一詞，它還成為中世紀封建制度詞彙中的代表傑作。從十一到十六世紀，防禦城堡建得到處都是；在某些地區因軍事衝突或封建公侯的進駐，城堡蓋得特別多。是以，由於強鄰英國人虎視眈眈，導致十三世紀的威爾斯城堡遍布。而西班牙一直是城堡最繁茂的地區，要「光復」基督教失地的君王，會將現有的城堡允諾送給隨軍將士，或答應要在收復的地區為他們興築新的城堡。這就是諺語「在西班牙蓋城堡」的由來，意即建造「空中樓閣」；它讓城堡更深植於基督教歐洲的夢想裡。

無論在當時，或是近代與現代的意象天地中，某些防禦城堡具備了懾人的個性。即使沒有大教堂的精神層面，防禦城堡還是有其象徵力量，而且樹立起它力量與威權的標誌。基督教國家間最早的衝突，

今日的防禦城堡與其村莊，法國朵多涅省的卡斯堞
諾拉沙貝。我們可以看見城堡形象最突出的特點：
城牆、塔堡、塔樓和村莊。

是在十二世紀展開的英法戰爭。之後在十二世紀末，英王獅心理查在爭奪的法國領土中心，建造了一座堡壘「嘉雅城堡」，坐落在塞納河上的洲島，展示防禦城堡在自然環境中壯盛的面貌（右頁）。

日耳曼皇帝也是西西里國王的腓特烈二世，一二四〇年前後於義大利南部普里亞省建造了蒙特堡（意即山堡）。城堡蓋成八角形，在建築與裝飾上結合當時基督教和伊斯蘭的建築大傳統（93 頁）。

我們習慣將「顧西城堡」視為中世紀防禦城堡遺跡的楷模，它是由伯爵翁格朗三世於一二二五至一二四五年間建造的。我引用一段考古學家的描述[1]：「它絕對是那個時代的堡壘，而且是最壯觀的。梯形的地基、四角的塔樓、巨大的塔堡跨越在最長的一面城牆上，與護牆毫無連接，甚至與外牆之間都有很深的壕溝分隔。它的尺度足以成為牢不可破的堡壘：牆厚六公尺，塔樓高四十公尺，塔堡高五十五公尺，直徑三十一公尺。」

即使封建防禦城堡中的最佳典範是建築於自然環境中，但都市內的城堡同樣留下卓越的例子。在巴黎，西堤島本身已是座宮殿，卡佩王朝的國王又在旁邊建造了一座用來長期居住的防禦式建築，那就是羅浮宮。同樣，菲利普奧古斯特時代的一座防禦城門，因用來做為王室的監獄，而變成防禦城堡中暴政的象徵，那就是巴士底監獄。所以法國大革命的開端，是先占領並摧毀一座防禦城堡。

隨著諾曼第公爵、英國國王，城堡不但樹立在他們的諾曼第宮邸康城，同時也建在他們英國的首都倫敦。征服者威廉在十一世紀末建造的倫敦塔，是都市城堡知名的例子。二十世紀後半期，德波余亞在坎城進行令人欽佩的考古挖掘，建立了當代的城堡學術，即是「城堡學」。在義大利，威望最高的領袖就是教宗，即使有人不服從其號

嘉雅城堡遺址的現觀，法國厄爾省，安德利斯鎮。
由英國國王獅心理查於一一九六年建造，這座城堡
是中世紀新興國家彼此角力的象徵。一二〇四年被
法國國王菲利普奧古斯特攻占，也意謂法國人光復
被英國人占領的諾曼第；城堡所扮演的軍事、政治
與象徵的基本角色相當重要。亨利四世於一六〇三
年下令拆除這座城堡。

令。他以重新利用為名，將古羅馬的大建築——皇帝阿德里安的龐大陵寢，轉變為「聖天使堡」，一座同時具有軍事與居住功能的防禦城堡。當十四世紀教宗離開羅馬，進駐亞維農時，他們在此建造了一座最壯觀的防禦城堡，雖然稱為「教皇宮」，其實還是比較接近堡壘。在佛羅倫斯的望族，由梅迪奇家族開始，興建的宮殿多於城堡；但在十五世紀的米蘭，史佛薩家族建築的「史佛薩堡」則是一座居住型的堡壘，還保有防禦城堡的風貌與功能。

然而，城堡不斷演變。波納西對這個演進的定義非常清楚，「最初的塔堡很狹窄、很不舒適，通常都只有一間接待起居室、一間臥室，城主和他全部的『家從』（mesnie，家人與隨從）都睡在一起。但隨著經濟發達帶來的富裕，領主的生活空間很快就得以擴張。在十二和十三世紀，城主已經可以充裕地實踐當時的基本美德——慷慨，其實應該說是大方。堡壘裡開始有慶典，它也成為優閒生活的上選之地。從此，城堡就是宮廷文明的背景[2]。」

在當時，綻放了所謂的「城堡生活」。除了權力與防禦功能外，城堡生活從此呼應著「習俗、文化、生活方式、富足與享樂」。

到了十四世紀，城堡普遍都具有升降吊橋；在塔樓上，有托座的石質突堞取代木質懸空外廊，並且增設雙重城牆和箭孔。而在王公新蓋的大型堡壘，仍會在塔樓頂端和護牆上進行防禦；城堡整體形成一座龐大的高臺，如巴黎的巴士底或塔哈斯孔的「荷內王城堡」。儘管室內的家具不多，房間裡卻覆上一層愈來愈華麗的布質裝飾，如靠枕、方墊、簾幔、掛毯。我們借用裴塞斯的話，「中世紀末期的城堡愈來愈開放，白晝時，房間有像樣的窗戶照明，通常只裝有簡單的柵欄，偶爾會加裝玻璃，或糊紙，或覆油布。窗戶的兩旁，由厚牆中鑿

蒙特堡位於義大利南部的普里亞省，由日耳曼皇帝
腓特烈二世於一二四〇至一二五〇年間建造。這座
防禦城堡外部是封建堡壘、內部是王公的居室，綜
合了阿拉伯式和熙篤會哥德式的建築風格，表達了
多元而複雜的性格，也是中世紀西方最壯觀的景象
之一。城堡可以視為一幅偉人的肖像。

出石長椅，替空蕩的廳室創造出較親切的社交空間。」藉著突堞和其他建築上的繁複雕飾，防禦城堡又增強了它的神話形象。

城堡繼續在整個基督教的土地上延伸。以波蘭為例，不論條頓騎士團在馬連堡建築的堡壘，或是波蘭國王新蓋的都市城堡，都屬於其範疇。在十五世紀，瓦維爾的城堡矗立在大教堂旁，從丘陵上俯臨克拉科夫。直到一六一一年，波蘭國王將首都從克拉科夫遷到華沙，華沙才興築了王室的城堡。儘管它強調居所的本質，但仍保有堡壘的外貌與功能。第二次世界大戰期間，德國人摧毀了華沙的王室城堡，波蘭人最終決定重建，一方面共產政權希望藉此討好民眾，另一方面更是要宣告波蘭之為獨立國家的復興。修建工程交由波蘭大史學家紀耶史托負責，於是在二十世紀末，城堡如大教堂般，在歷史意象天地的軌跡上，成為國家的象徵。

十五世紀時，城堡因長期與慶典連結，變成一座真正的劇場，它是「人生的舞臺」，抑或是「世界的舞臺」。劇場的重生很晚，而且很坎坷；在從古希臘羅馬到現代世界間的空檔，大教堂和城堡扮演了舞臺空間的角色。中世紀末期最成功、最精緻王公城堡的典範，絕對是葉夫河的梅安堡。雖然今日它近乎頹毀，但我們仍可從十五世紀初《倍禮公爵的盛世》一書的插畫中，見其神話般的形象，「城堡的下半部是防禦城堡，斜底的塔樓，假的前置碉堡[3]，素樸的牆面，寬廣的城壕。而上半部卻伸展開哥德式末期所有的細膩風格：玻璃，小尖塔頂端再豎起小鐘塔，塔頂繞廊，在接待大廳的三角楣上豎立一座高達六公尺的巨大騎士石像，到處都有雕像，繪釉地磚畫著公爵尚倍禮的象徵徽飾，百合花、熊和負傷的天鵝[4]。」（右頁）葉夫河的梅安堡是童話故事的城堡，它將十一世紀以來防禦城堡的夢想變為實體。

葉夫河的梅安堡。由尚倍禮公爵建於十四世紀末，
今幾乎全毀。從這張十五世紀初《倍禮公爵的盛
世》的著名手稿插圖，仍然可以欣賞它當年的輝
煌。除了是堡壘與王公的居所，同時還提供一個神
話形象，四周環境充滿各種奇觀。藍柏格手稿；香
堤伊，宮德博物館。

城堡在十七和十八世紀進入休眠期，一則因為它不敵砲火又不適居住而遭棄置；二則因為某些君主，如路易十三和黎希留主教，急欲結束封建制度而將之摧毀。一份對十八世紀字典中城堡形象的研究，顯示在這個「啟蒙時期」，城堡變成落伍又鄉鄙的封建形象[5]。

城堡當然隨著浪漫主義而重生。當雨果在萊因河上旅行時，深為城堡懷舊的形影所感動。當時正暢行古蹟的修復運動，德國的浪漫國族主義已經開始重建科隆大教堂，同時也修整點綴萊因河谷中游的防禦城堡，即使常有異想天開之舉。我們可以史托琛菲爾堡的重建為例，城堡為伊森柏格大主教（一二四一～一二五九）興建，但一六八八年被路易十四的軍隊摧毀。科布倫茨市政府於一八○二年將其遺址獻給普魯士皇太子，未來的腓特烈威廉四世。皇太子下令由建築師辛珂負責重建，工程從一八三六年展開。它綜合了浪漫主義的中世紀特色，和十九世紀比德邁風格的中產階級精神；重建的要點則在強調劇場風貌。其實它也正是要用來當作皇室表演的舞臺，將建築物融入自然景觀裡。內部則陳列歷史繪畫、兵器和甲冑裝飾，目的在推崇中世紀的騎士制度[6]。

其他壯觀的城堡整建工程，是在十九世紀後半期由君王下令完成。在法國最好的例子，就是由維歐磊杜克為皇帝拿破崙三世和皇后歐仁妮修建的皮耶豐城堡。它是奧爾良公爵在十五世紀初建造，但十九世紀時已成一座廢墟。重建皮耶豐與推崇勇士一樣，成為復興中世紀感知與象徵的典範。而巴黎聖母院和皮耶豐城堡的重生，得力於同一位偉大建築師的督造，絕非偶然（右頁）。另一個例子更為壯觀，瘋狂的巴伐利亞國王路德維琪二世（一八六四～一八八六）建造了一系列囈語般的城堡，具備所謂的「中世紀」特色。包括新天鵝

十九世紀的城堡夢。皮耶豐城堡由奧爾良公爵建於
十五世紀初，因砲火的發明而不堪使用，變成廢
墟。一八六〇年前後，由維歐磊杜克翻修重建。主
要是為了取悅皇帝拿破崙三世和皇后歐仁妮，討好
他們對中世紀的想像，尤其是對勇者的推崇。

堡、林登霍夫宮、基姆湖宮、舊天鵝堡。最後他把自己關在所建造的其中一個「博格堡」，然後在環繞城堡的沼澤自盡。

如同大教堂，城堡在浪漫主義的筆下亦成為一個隱喻。對城堡痴迷的涅瓦爾歌詠〈靈魂的城堡〉[7]，詩人韓波必然是受到他的啟發，韓波寫道：

噢，四季！噢，城堡！
哪個靈魂是無瑕的？

當魏爾倫被囚禁在蒙斯，也將監獄變換為「靈魂的城堡」：

城堡，魔術的城堡，我的靈魂在此結束。

但城堡也可以是暴政的城堡。在他最後一部小說《一七九三年》中，雨果以富惹爾森林中的土爾格堡壘為例，在這裡，城堡與大自然的關係令人生畏，「石頭的怪獸依附著木頭的怪獸。」當雨果總結防禦城堡之所以象徵暴政時寫道：

土爾格堡壘是這段過去不可避免的結果。在巴黎叫做巴士底，在英國叫做倫敦塔，在德國叫做史丕堡，在西班牙叫做艾斯庫里亞，在莫斯科叫做克里姆林宮，在羅馬叫做聖天使堡。一千五百年的時間都濃縮在土爾格堡壘裡，中世紀、附庸、采邑、封建制度。

頹毀的城堡。浪漫派的天才藝術家雨果,在這張素
描裡描繪的防禦城堡,於苦悶的自然環境中產生一
種焦慮夢境的影像,讓人不知是妖術,還是噩夢。
巴黎,雨果博物館。

防禦城堡　　99

然而在十九世紀的波蘭國族文學裡，廢棄的城堡變成有待光復之榮耀的象徵。例如米奇維茨著名的史詩《塔德先生傳》，或是以立陶宛故事為藍本的《葛拉琴納》，都提到今日白俄境內的諾窩格羅戴克城堡。還有格辛斯基的小說《城堡的國王》（一八四二），這座光耀騎士夢想的城堡，是在波茨南附近的科尼克堡，不論是戰利品陳列廳或整體擺飾，都是夢想的體現。

　　在二十世紀，甚至今日，封建制度所創造流傳下的城堡，始終存在於歐洲的意象天地裡。在中世紀，十字軍將它當作基督教的基本元素，植入巴勒斯坦的土地上；在敘利亞的「騎士城堡」，仍舊是壯觀的景象。令人驚訝的是，二十世紀傳奇探險家的代表人物勞倫斯，早在他前往這些遺址與阿拉伯人作戰前，還是年輕牛津大學生的勞倫斯，在其提出的博士論文中，親筆繪製這些城堡，並且加以解說（右頁）。

　　整體而言，始終孕育在西方意象天地中的防禦城堡形象，提醒我們，中世紀是一個戰爭無所不在的時代，當時主要的英雄，除了蒙上帝恩寵的聖徒外，就是戰士。在以英勇聞名之前，戰士的聲望是建築在他的居所，與戰爭密不可分的城堡。

　　防禦城堡永存於歐洲意象天地的另一個現象，就是它在兒童心目中的重要。防禦城堡一直是課堂上習作和繪畫的主題，在卡通、電影、電視、聲光表演節目中，到處都有其身影。在中世紀奇觀裡，城堡的地位牢不可破，因為它攻占了兒童的心靈與感性。

另一個中世紀防禦城堡的夢想者就是阿拉伯的勞倫
斯。在牛津大學求學時,他寫了一篇論文,研究中
世紀時十字軍在巴勒斯坦建造的防禦城堡,並且自
己繪製圖說。勞倫斯於二十世紀初畫的這張素描,
是十二世紀時由十字軍建造的「騎士城堡」。從畫
裡可窺見日後成為「阿拉伯的勞倫斯」、年輕時已
著迷於軍事形象。這是意象天地魔力的絕佳例證!
牛津,波得蘭圖書館。

防禦城堡　　101

瘋狂的巴伐利亞國王路德維琪二世（一八六四至一八八六），對取法自中世紀的城堡異常痴迷，但其幻想又完全是後浪漫主義的夢魘。這是他最夸誕不經的傑作：新天鵝堡。

防禦城堡與現代觀光業。萊因河曾經以防禦城堡之
旅聞名,特別是在德國景致如畫的一段,城堡從夾
岸的丘陵俯視河谷。在浪漫主義時期,這些防禦城
堡拜修整與觀光事業之賜,得以重新復活。這張科
隆至杜塞多夫的觀光遊船廣告海報,彰顯出中世紀
防禦城堡成為誘人的觀光景點。

美國億萬富豪的中世紀防禦城堡。在這一系列夢魘式的復古建築中，世界上具有象徵意義的歷史建築都如幻覺般重建。這是拉斯維加斯搭建出的賭博天地「石中劍旅館」。其驚人的形象呈現出眾人對中世紀、亞瑟王、他的寶劍、防禦城堡、塔樓的痴迷，也是今日最有力的現代感表徵。

5

Le chevalier
la chevalerie

騎士與騎士制度

波納西曾清楚指出研究中世紀騎士制度所面臨的問題，他寫道：「在騎士制度的概念中，不容易區分什麼是神話、什麼是現實。」

波納西寫道：「這個神話，是嚮往絕對、替受迫害者復仇的騎士神話，透過傳說、文學，最後還透過電影，存活在集體的心靈中。換言之，今日我們一般所想像的中世紀騎士，只是個理想化的形象：這正是騎士階級希望呈現的自我，而遊唱詩人幫助它順利被輿論接納[1]。」

從詞彙的角度著手，向來都能釐清問題。騎士（chevalier）一詞在中世紀很晚才出現；原先用的字是「軍士」（miles），這在古典拉丁文中是指「軍人、士兵」，中世紀早期則是指「獨立戰士」。騎士一字顯然是從「馬」（cheval）演變而來，最初的騎士是至少擁有一匹馬、並且在馬上作戰的人。在騎士制度的意識形態裡，形容詞「騎士、騎士精神的」（chevaleresque）相當重要。不過要注意的是，它原先出現於十四世紀的義大利文中（cavalleresco），直到十七世紀才被翻譯成法文。這個形容詞今日看來相當正面，至少很中性，但它剛出現時是帶有批評、甚至嘲諷的意味，令人想到唐吉訶德。騎士的馬當然是品種特殊的馬，不但強壯，還擅於疾馳、打獵、戰鬥，與西方中世紀緩慢繁衍的笨重勞役馬截然不同；它就是戰馬。

騎士的本質還是戰士；儘管世人都渴盼和平，但當時社會中戰爭無所不在，是以他大部分的威望仍奠基於此。我們應該先提他的戰鬥配備。主要的武器是雙刃長劍；梣木柄或櫸木柄的長矛，寬刃的鐵質矛頭；木製的盾牌裹以皮革，形狀不一，或圓形，或橢圓形，或杏仁形。羅馬人堅硬的護甲被寬鎖甲取代，皮革罩衣覆蓋著金屬鱗片，交錯排列如屋瓦般。頭盔通常只是一頂普通的圓鐵帽，偶爾是金屬骨架的皮帽。這套裝備在中世紀期間最主要的演進，就是寬鎖甲被覆蓋全身的鎖子甲取代，從肩膀一直垂到膝蓋，下半身開叉，以方便騎馬，

一一八九至一一九九年間在位的英國國王獅心理
查，被視為騎士國王的典範。圖中的他介於戰士與
君王之間，頭戴有羽飾的帽子，騎著半旋身的馬，
旁邊跟著獵犬。手上那枝箭定然是暗示他在沙廬
圍城一役中戰死。李德的《歷代皇帝編年》（局
部），十四世紀；巴黎，阿森納圖書館。

如我們在十一世紀末的巴佑織毯上所見到的樣子（右頁）。這些鎖子甲能有效抵禦劍擊，卻不足以對抗矛尖的穿刺（這種新的攻擊技術，是中世紀軍事戰術的一大進步）。如符洛禮所強調，中世紀騎兵需要有相當的經濟資源，方足以購買戰馬，可能還不只一匹，和這套重裝備；他還需要有很多時間，因為除了日常操練外，中世紀騎士還必須在節慶的戰鬥中，也就是比武中揚名；此外，還要參與狩獵，一般在其專屬的采邑，也就是在中世紀只為國王保留的禁區外。總而言之，即使從軍事眼光來看，騎士制度較局限於貴族菁英層次。

騎士制度出現於十一世紀，西元一〇〇〇年前後，「軍士」階級在通俗拉丁文裡已改稱作「騎軍」（caballarii）。他們最先在法國中部和北部大幅擴張，之後於十一世紀，發展至地中海沿岸，接著遍及基督教世界其他地區。這些「軍士」同時也是為重要領主效力的戰士，更是他們城堡的護衛。十一和十二世紀期間，許多城主也放下身段，成為獨立騎士。

「軍士」出現於當時教會對戰士猜疑的氣氛中，因為戰士和強盜有時實難區別。這種猜疑致使「軍士」出現於西元一〇〇〇年左右提倡和平運動的大環境中，目的在馴服殘暴的戰士，使其歸順於教會基督精神的指標。於是騎士接到的任務是保護寡婦孤兒，推而廣之也保護弱者窮人，甚而包括沒有武備的人，也就是最早的商人。

然而，在十一世紀期間，教會與中世紀基督教的演進迅速脫離了原始基督教的和平精神。教會接納的觀念是，在某些情況下戰爭是必要，甚至是有利的。這種演變的決定關鍵是在十一世紀末，教會將聖戰、十字軍奉為圭臬。教會透過新的儀式來認可為上帝而戰、為弱者而戰，就是騎士必須接受的「冊封禮」，如同成為騎士的洗禮。巴托

戰場上最初的騎士。人稱「巴佑織毯」的著名刺繡
（十一世紀末），主題為諾曼第騎兵戮殺薩克遜步
兵。他們配備的武器：頭盔、長矛、盾形擋箭牌、
馬鐙，在此清楚凸顯。騎士制度的起源之一，就是
作戰的現代化。巴佑，大教堂藏寶室。

羅繆最近提出的論點是，封建制度的基礎植根於騎士理想與基督教理想的匯流[2]。

這個基督教騎士制度的發展，得力於一塊特殊的區域——伊比利半島。「光復運動」是基督徒憑藉武力收復這個被穆斯林占領的半島，它將騎士推到第一線；不僅半島上的基督徒，甚至基督教世界的所有居民，都將他們視為威望的楷模。德利凱為這些「西班牙行遊騎士」做過傑出的描繪。

騎士的形象同樣為國王所接受，即使這個軍人的「武備」功能，亦不致使國王所代表的「正義」和「繁榮」功能相形遜色。最具有騎士國王形象的中世紀國王，絕對是英王獅心理查（一一八九至一一九九年在位，右頁下圖）。許多史學家強調法國國王路易九世（聖路易）不曾實踐騎士的角色，但事實是他在當時替自己塑造廣播和平的國王形象，與他的騎士國王形象並存不悖，後者鞏固於他對英國的戰爭，尤其是他領導的十字軍戰爭。壯維爾為我們留下一幅聖路易的驚人形象：他手持著寶劍，在埃及的一道堤坊上策馬奔馳。

騎士被基督教化的印記，更見於強調其與聖徒的關係，聖徒成為騎士的守護神，而且在中世紀的聖徒傳記中占首屈一指的地位。在中歐與東歐，黑人聖徒騎士聖莫里斯怪異地成為白人騎士制度的守護神。不過整個基督教世界，保護騎士的聖徒主要還是來自東方的聖喬治。我們稱之為聖徒騎士的聖喬治所扮演的宗教與社會角色，最常展現於殺死惡龍解救公主的一段故事（右頁上圖）；聖喬治是宮廷騎士的典範，他的力量、勇氣與聖潔的天性都是為弱者效勞。

儘管有十字軍，儘管正義之戰的理論日趨完備，教會與騎士的關係在中世紀仍相當緊張，可由比武的歷史看出端倪。比武有點像今日

聖喬治解救公主。來自東方的聖喬治
是騎士的主要保護神，他代表騎士為
善德、為上帝服務的行動：白馬戰勝
了黑龍。迪皮耶特羅的畫作，十五世
紀；西也納，主教教區博物館。

十字軍東征被塑造為基督教騎士「新鮮而快樂」的
戰爭。這幅十四世紀李德《歷代皇帝編年》的手稿
插畫，畫著獅心理查和他的同伴出發參加第三次十
字軍東征。巴黎，阿森納圖書館。

的大型運動競賽，不僅騎士階級熱中於此，群眾也一樣。比武是一種軍事演練，同時也是娛樂。杜比在《布溫的星期天：一二一四年七月二十七日》一書中卓越地指出，比武是極其重要的經濟活動。不過，教會認為這是難以掌控的暴力崇拜，是將正義之戰轉變為刺激的表演，更考慮到對決中褻瀆、甚至異教文化的場面太過明顯，於是試圖禁止比武，在一二一五年的拉特朗第四屆大公會議中，宣布比武不符基督教義。但教會在這方面的嘗試卻是徒勞無功。比武從一一三九至一一九九年間一直受到教會譴責，但在英國卻為國王獅心理查的允許（一一九四），只是加以控制。比武不曾中斷，雖在十三世紀時稍有收斂，但在一三一六年教會取消禁令後，十四、十五世紀竟如火如荼地推展，一直延續到十六世紀。正在演進中的王權試圖將之收編，並加以控制，特別是替比武加上傳令官，擔任這個活動的導演。在赫津哈稱為「中世紀之秋」的輝煌十五世紀，比武的再度流行是一大盛事。這類輝耀式的中世紀比武，有位重要的推廣者，即是安朱公爵荷內一世，他也是普羅旺斯伯爵、那不勒斯國王。他在其領地上推行比武，還為之撰寫理論基礎，這是於一四六〇年前後完成的一部彩繪大作，《比武形式與細節之專論》（右頁）。

騎士制度是封建制度最具特色的表現。一如前文所述，它輕易卻徹底地將貴族本質與宗教規儀、君主專政的體制結合。杜比以威廉大元帥（一一四七～一二一九）為例，清楚說明這位當年被視為「世上最好的騎士」，他的社會成就和威望，不只歸功於他一向遵奉的騎士榮譽守則，更是因為英國國王對他的恩寵。杜比認為他就算不是最好的騎士，至少也是完美的騎士。杜比的描述如下：「沒有恆產的青年。雖然致富，並成為男爵，但仍只是他妻子與她前夫兒子的監護

個人比武的全盛期。在十四世紀末,團隊比武被個
人比武所取代,同時也成為王侯宮廷中最絢麗的公
眾活動。騎士制度的軍事面貌(戰馬、長劍、頭
盔),就這麼消褪於戰馬華麗誇張的羽盔、鞍轡之
後。在安朱公爵荷內一世著名的《比武形式與細節
之專論》(約於一四六〇年寫成),他選擇了不列
塔尼公爵與波旁公爵的比武做為表演的典範;波旁
公爵披飾上的百合花,代表其卡貝王室的世系。巴
黎,國家圖書館,手稿編號 fr. 2693,第45-46頁。

人。雖然掌有王權，但仍只是年幼國王的攝政。從未想過他會登上權力的頂峰，因既不曾學習如何支配這個權力，更沒有頭銜得以運作，不論是來自他的血統或宗教儀式賦予的稱號。除了以世上最好的騎士聞名，沒有其他的長處。即使是為他說話的人、複述他言詞的人，或是替他表達自己深信其理念的人，都只有讚揚他的品德情操和唯一的騎士名聲。但身為優秀的騎士，僅此一點就足以讓他登峰造極。歸功於他永不疲憊的巨人身軀，強悍、靈活的騎士身段；歸功於這顯然過小的頭腦，使他健壯的體能得以自然洋溢，不為多餘的思考所約束。思緒不多，都很短捷，在其有限的想法中，固執地堅守戰士相當粗野的倫理，其價值觀只有三點：勇敢，慷慨，忠誠。尤其更歸功於他蔚為奇觀的長壽。」

圓桌武士凸顯了騎士形象的演進。十二世紀的勇士，在十二、十三世紀之交，變成宮廷愛情的英雄。杜比明白指出，在歷史上的這兩個時期，要角都是年輕人，他們追尋城堡、土地，還有女人。不過，關於女人，馬愷蘿妮吉雅的研究已動搖了杜比的理論。她認為宮廷愛情中的女主角，通常只是年輕男子的面具，「其實，在軍事化的社會裡，宮廷愛情難道不是男人之間的愛情？」她也提到拉岡關於同性的見解，拉岡說：「宮廷愛情仍是一個謎[3]。」

不管是幻想的愛或親身經歷的愛、是精神的愛或肉體的愛，宮廷愛情只強化了騎士制度從一開始就塑造的意象天地。杜比還讓我們看清一事，騎士制度雖然是社會的楷模，它同樣是文化的楷模。虔誠的宮廷騎士有三個主要目標：歷險，榮譽，名聲。科勒對騎士的歷險有絕佳的描述。

所有文明都與空間有相當緊密的關係，中世紀的基督教建構、掌

從十二世紀起，騎士制度便與宮廷文化相結合。馬
上的騎士伴隨著兩位仕女。路特雷爾爵士的聖詩
集，一三四○年前後；倫敦，大英圖書館。

控了歐洲空間。它創造出一個要點交錯的網絡（教堂、朝聖地、城堡），更分割出一塊流浪的空間，而森林再次代表了夢幻與現實。從這個觀點來看，大部分的中世紀騎士，基本上都是流浪的騎士；而十字軍東征則是最瘋狂的流浪。

中世紀騎士和貴族不同之處，除了冒險這個特質外，就是他們的頭銜不能世襲。符洛禮對此有清楚定義：「在整個中世紀，貴族制度和騎士制度有著交錯的命運；但這兩個詞絕對不是同義字，也絕無對等的概念。光彩日益擴增的騎士制度吸引了貴族；向來統領騎士的貴族，也開始自稱為騎士，並意圖控制騎士，進而還限定只有貴族方能成為騎士。於是，菁英戰士中的貴族『團隊』，在十三世紀先成為貴族騎士組成的菁英團隊，而後在中世紀末，轉變為名譽制的貴族兄弟會。」

騎士制度也同樣無法避免為成功所付出的代價，那就是嘲諷。沃爾芙波琬收集了兩個十三世紀最具特色的故事，一個是譏諷宮廷小說的作品「費谷斯小說」，另一個是情色故事「突魯貝」，於一九九〇年出版《傻子的騎士行為》。值得注意的是，這些天真愚蠢的主角，在古法文中叫做 nices，非常近似特洛瓦的克瑞強小說開端的帕西法爾。由母親獨自撫養長大的孤兒，不正是那位日後歷經險阻而成為騎士的模範兒童？無論如何，在基督教義彩飾下的這個道德觀，成為日後構成歐洲人心境與意識形態的一大要素。騎士固然可以是天真的人，但在這個奇觀英雄的天地裡，騎士偶爾也會如我們之後要討論的梅綠芯，屬於仙人的世界；他本身就是一位神仙人物，所謂的「仙人」騎士。

騎士制度的歷史在十二到十五世紀間發生兩次重大變化。首先，

十字軍騎士的歸途。在十九世紀，先有浪漫派，後
有象徵派，都很自然地使用騎士做為懷舊的象徵。
此圖是德國畫家萊辛（一八○八至一八八○）的作
品，他在杜塞多夫畫派中以歷史畫著名。畫中的十
字軍騎士，從東征返鄉，表情充滿失望、疲憊，可
能還戰敗了。波昂，萊因邦立博物館。

出現了軍事化的修會「基督騎士」，這是基督教服膺於戰爭的極致結果。在十一世紀前，根本無法想像有人既是僧侶、又是戰士，但在十字軍的大纛下，竟然成形了。教宗額我略七世在十一世紀後半期，將「基督騎士」一詞真正運用在軍事領域。為了保衛聖地、保衛當地的基督徒居民、保衛朝聖者，出現了新的軍事修會。一一一三年，創立了耶路撒冷聖約翰騎士團；一一二〇年，創立聖殿騎士團。另一個有軍事修會誕生的地方，就是進行「光復運動」的伊比利半島：在一一五八到一一七五年間，有卡拉特拉瓦騎士團、聖地牙哥騎士團；在葡萄牙則有艾弗拉兄弟會，日後成為阿維斯騎士團。德國人在聖地阿卡建立的醫院，也於一一九八年變成軍事修會。最後，第三個號召這些軍事修會的空間，是歐洲東北部的異教徒國度。在一二〇二到一二〇四年間，聖劍騎士團成立於現今的愛沙尼亞，一二三〇年條頓騎士團出現於普魯士，二者於一二三七年合併。在阿卡的聖約翰堡淪陷後，基督教的軍事修會「基督騎士」退守塞浦路斯。然而，在歐洲逐漸成形的基督教專制政權，卻愈來愈無法容忍所謂僧侶騎士這類混雜的團體。因此在法國國王菲利普四世的主導下，教宗克雷孟七世於一三〇八年下令，在整個基督教世界逮捕聖殿騎士；維也諾（Vienne）大公會議並於一三一二年正式撤銷聖殿騎士團。至於在波蘭，條頓騎士團進駐馬連堡，與波蘭國王的衝突不斷，但一四一〇年在格倫瓦（即今日的坦能堡）被波蘭、立陶宛聯軍擊潰。唯一僅存的，是在一五三〇年退居馬耳他島（Malte）的善堂騎士團，之後改名為馬耳他騎士，直到今天，他們都只獻身於慈善事業。

　　歷史上騎士制度的第二個變化，是發生在十四和十五世紀，由國王或公侯創立「授勳制度」，憑著他們的喜好，頒發給不事神職的重

此圖無疑是描繪一個戰敗的騎士，失意地穿過一片
花田。象徵派畫家希區寇克於一八九八年以此畫參
加巴黎法國藝術家沙龍的展覽。巴黎，奧塞美術
館。

要人物，藉以表揚或籠絡。卡斯堤爾的國王阿豐索，在一三三○年設立了第一個世俗的騎士勳章制度；英王愛德華三世在一三四八年，創立著名的「嘉德騎士勳章」；法王約翰二世在一三五一年啟用「星辰騎士勳章」。到了十五世紀，最著稱的發明就是勃艮第公爵善良菲利於一四三○年設立的「金羊毛騎士勳章」。這些團體相當接近兄弟會，循此觀點，它們也可由一般騎士來創立。是以在十五世紀初，布西柯大元帥創立「白衣仕女綠盾牌」勳章，專以捍衛在英法百年戰爭中，為暴力所苦的婦人與少女的名節，並寫下一篇論述表揚古代的騎士價值觀。這些騎士勳章印證了對過去的懷念及亞瑟王奧義的重生。它們的目的在於傳承「壯舉的表彰、榮譽的概念、靈魂的寬容與崇高[4]」。

在這種氣氛下，從中世紀騎士制度的神奇英雄世界中誕生，並隨之確立了一個新的主題，亦即所謂的「九勇士」。這個主題彰顯出中世紀知識分子的觀念，他們嘗試從中世紀文明所植根的三個文明：舊約聖經的猶太文明、古希臘羅馬的異教文明和中世紀的基督教文明，找出貫穿不絕的相同理想。這組九勇士於是出列：三位舊約聖經的猶太人，約書亞、馬加伯的猶大和大衛；三位古希臘羅馬的異教徒，特洛伊的海克特、亞歷山大大帝和凱撒；三位中世紀的基督徒，亞瑟、查理曼和布雍的歌佛雷（他是被神話歷史所遺忘，第一位於一○九九年在耶路撒冷稱王的拉丁民族國王）。這九位勇士首次出現於一三一二年，德隆紀雍的論著《孔雀的祈願》中。十四、十五世紀時流行的織毯及十五世紀時出現的紙牌戲，都確保了這些勇士的風行。尤其是查理曼，還成為塔羅牌和撲克牌的紅心國王。勇士主題之受歡迎，甚至還推廣到騎士制度的男性世界之外。十六世紀出現的「女勇

電影中的騎士。好萊塢讓騎士復活,明顯是要讓今
人夢想現代的騎士,當然是從美國人著手。《華倫
王子》(一九五四)是亨利‧哈塞威導演的一齣傳
奇歷險電影。英勇的華倫對抗叛徒騎士,並贏得美
人芳心。由勞勃‧韋納和珍妮‧李飾演這對情侶。
有人將這齣電影定義為「中世紀的西部片」。

士」，更占有一席主動的地位；在此之前，她們在宮廷愛情中只是被動的角色。因此，十五和十六世紀可謂是一個騎士熱潮的時代，最好的例子就是《堤朗·勒布隆》的風行，它是瓦倫西亞的馬托睿爾以加泰隆尼亞文寫成的小說，作者過世後，才於一四九〇年出版。這位想像的騎士，是騎士形象從蘭斯洛特轉折至唐吉訶德此過程中的一個重要關鍵。塞萬提斯稱許為「世上最好的書」，而作者自己則表示希望能「重振對冒險的品好、對過往最具德操的騎士和他們光耀名聲的欣賞」。偉大的祕魯小說家巴爾加斯·略薩在《堤朗·勒布隆》最近的法文譯本的序中宣稱，這部雄心勃勃的小說和其他少數著作，才值得稱為具有歐洲視野，「因為背景涵蓋了半個歐洲和整個地中海地區，故事的主人翁在其間遊歷，就如在自家一樣，不論是在英國或不列塔尼、在希臘或西班牙，他都覺得像處在自己的國家；人與人之間的疆界，對他而言只是榮譽和恥辱、美麗和醜陋、勇氣和懦弱的區隔[5]。」

同時，新的騎士縈繞著十四、十五世紀歐洲人的想像，例如阿馬迪斯·德高勒，這位出現於十四世紀西班牙的虛構人物，成為義大利人蒙塔渥筆下的英雄（一五五八），他的小說非常轟動。西班牙和葡萄牙的「征服者」，在十六世紀初征服了美洲的一部分，他們在行軍行伍之間或休兵之際，都以騎士文學做為精神食糧。而騎士文學也據此邁向其傑作，它不僅是騎士文學的推揚與其成功的顛峰，也確定是對一個徹底過時的理想之批評。這部傑作，當然就是塞萬提斯的《唐吉訶德》（一六〇五至一六一五年，右頁）。

騎士要靠十八和十九世紀的史學家才得以重生。有一部學術著作，雷翁戈蒂耶的《騎士制度大全》（一八九四），在法國廣受大眾歡迎，也使騎士制度成為「美好年代」的流行。同時，騎士的理想也

受嘲笑的騎士。從十五、十六世紀開始,騎士一方面成為神話、一方面變成笑柄。嘲弄騎士最天才的創作就是塞萬提斯的《唐吉訶德》(一六〇五)。十九世紀末的插畫家由此得到靈感,繪出可笑的騎士形象:他不是與風車,而是與人家飼養的家禽作戰。私人收藏。

啟發了拿破崙，他於一八〇二年創立了榮譽勳
章制度，最初一級的頭銜就是騎士，其成功之
處眾所皆知。我們偶爾會將騎士的形象與新的
社會英雄相比較，也就是十九世紀英國人發明
的「紳士」，他融合了貴族的儀節和中產階級
的規矩。透過圓桌武士，我們在二十世紀電影
的意象天地裡重新看到騎士。近來，尚馬里波
爾執導的《時空急轉彎》系列影片廣受歡迎，
證明了騎士一直是我們的夢想，即使帶著一絲
嘲諷的微笑。

中世紀的騎士與現代世界。尚馬里波爾拍了三部電
影，主題是一位十二世紀的騎士和他的僕役，因為
喝了魔法藥水進入現代世界。劇照是系列的第三集
《時空反轉芝加哥》（二〇〇一），男主角尚雷諾
在美國的汽車和摩天大樓中與時共進。

6

Le Cid

悉德

早在中世紀就從歷史人物身分轉變為神話人物範
例的，正是悉德。

RODERIC9
DEVIVAR

這位人物的特色，在於他流傳至今，形象卻毫無更新。維瓦爾的羅德里哥‧狄亞斯，人稱「悉德」（一〇四三～一〇九九），是西班牙基督徒對抗穆斯林「光復運動」的代表人物。從十二世紀起，拜一部文學作品之賜，承續以傳說與口述傳統，成為基督教對抗摩爾人的英雄。之後十七世紀的劇場，更讓其化身成為一個偉大愛情故事的主角。而二十世紀後半期劇場的革新，使這齣劇於亞維農戲劇節再登高峰。

羅德里哥‧狄亞斯出生於維瓦爾，一座位在卡斯堤爾、靠近布哥斯的小城。他雖只是普通的貴族騎士，卻是天生的戰士與領主，或為卡斯堤爾國王效勞，或為伊斯蘭的王公獻力。在他效力於萊昂和卡斯堤爾國王阿豐索六世、對抗納瓦爾的基督徒國王之後，卻於一〇八一年遭阿豐索六世放逐，於是轉而效忠札拉哥沙的伊斯蘭國王，對抗巴塞隆納伯爵、亞拉岡國王、納瓦爾國王；這個情況讓他得到「悉德」的稱謂，源自阿拉伯文 sayyid 一詞，首領的意思。他與阿豐索六世言和後，又與基督徒攜手合作，成功擊敗來自非洲的穆斯林阿摩拉維德人，並在西班牙東岸建立自己的公國。起初聽命於和阿豐索六世同盟的伊斯蘭王子，脫離其監督之後，於一〇九四年占領瓦倫西亞，建立第一個在穆斯林土地上的基督教國家；強迫鄰近的伊斯蘭小王國向他進貢。但是在一一〇二年，也就是他過世三年後，遺孀席美娜和卡斯堤爾國王阿豐索六世不得不將他的瓦倫西亞公國拱手讓給摩爾人。蒙糾清楚定義歷史上的悉德：「他是『邊境上的探險家』，貪求騎士的功勳和戰利品，同時為基督教和伊斯蘭君王效命，兩者間的戰爭，確保其社會地位的提昇；而他女兒和納瓦爾國王或巴塞隆納伯爵的聯姻，將他推上頂峰。」

悉德，中世紀的西班牙戰士。這份一三四四年的西
班牙編年史手稿，有中世紀罕見的悉德肖像，知名
卻又曖昧的英雄。維瓦爾的羅德里哥（沙場驍將悉
德）用他的長劍砍下馬丁葛梅斯的頭。基督徒和穆
斯林，同時或先後都曾是這位傭兵的敵人。里斯
本，科學研究院。

這位歷史人物從十二世紀開始，轉變為對抗穆斯林的基督教英雄、西班牙基督徒「光復運動」的數一數二的代表者。最先為維瓦爾的狄亞斯這個轉變及妻子席美娜做宣傳的，是卡德納修院的本篤會僧侶。這個修院位在布哥斯附近，也是夫妻倆安葬之處。悉德不僅是基督教英雄，更是卡斯堤爾英雄，他一生功業的最大成就，即是建立了瓦倫西亞附近的公國。而大舉將悉德的聲譽傳播到卡斯堤爾疆域外的，則是一部文學作品。它是在一一一〇到一一五〇年間，由不知名作者以卡斯堤爾文寫成的詩篇，標題為「悉德之歌」，而非日後所稱的「悉德之詩」。這是一首軍功之歌，詩歌裡的悉德是卡斯堤爾人，只為基督徒效力對抗穆斯林。「悉德之歌」敘述一連串的圍城、劫掠、戰鬥，期間悉德一直是基督徒的領袖。另外還有一首詩，主題則是有關悉德與卡斯堤爾國王間的爭執；這也凸顯出封建階級的問題。

　　最後值得一提的是，〈悉德之歌〉的主角除了軍事上的勳業，也同樣重視保護其家族世系的榮耀和前途，特別是他兩個女兒不甚順遂的婚事上。她們先嫁給卡斯堤爾一個貴族大家卡里翁的兩位世子。然而，女婿對岳丈的態度相當不敬，一般人也視為醜聞，他們在審判決鬥後被定罪制裁。如前文所述，悉德和席美娜的女兒終究還是結下了光彩的婚姻；在這方面，悉德依然是勝利者。

　　羅德里哥‧狄亞斯於一〇九九年過世前不久，出現一首褒揚他的拉丁文詩篇〈沙場驍將之歌〉。這首為高貴戰士所作的頌詩，替羅德里哥‧狄亞斯贏得另一個美號「沙場驍將」；還有一部作於十三世紀中葉的編年史，以其為主題的《羅德里哥傳》，同樣維繫著卡斯堤爾英雄的聲望。

　　卡德納的修士藉著悉德聲名擴展之勢，企圖讓他封聖。雖然封聖

維瓦爾的羅德里哥‧狄亞斯，悉德在中世紀被列入
納瓦爾國王的譜系。《西班牙國王世譜》的插畫，
一三八五至一四五六年；馬德里，國家圖書館。

悉德　133

一事沒有任何正式的認可，但因卡斯堤爾國王阿豐索十世於一二七二年親自前往卡德納朝聖，使得這位半聖人的聲譽居高不墜。到了一五四一年，修士開啟悉德的陵墓，流出一股聖徒的氣息，以致在一五五四年，西班牙國王菲利普二世取得梵蒂岡的同意，展開封聖的步驟，但旋即放棄。

然而，英雄的聲名依舊不墜，至少在卡斯堤爾如此。一部應該是在十四世紀初撰寫的史書，一五一二年在布哥斯印刷出版，標題為「著名騎士、沙場驍將悉德紀年」，並於一五五二年和一五九三年再版。

不過，轉化後的悉德神話形象，還是要靠劇場來推揚。雖然羅德里哥的騎士形貌同樣為劇場所讚詠，但逐漸浮現的是這個人物偉大情人的另一面。於是，羅德里哥和席美娜備受阻撓的愛情，提供西班牙劇場黃金時代末期一大主題。而法國古典劇場流行的西班牙風也套用了這個主題，做為英雄掙扎於熱情與義務之間的範例。一五六一年，西班牙劇作家德卡斯陀採用許多謳歌愛情的民謠，推出《少年羅德里哥》一劇，它啟迪了高乃依的《悉德》。一六三六年於巴黎首演，立刻造成轟動（右頁）。

悉德似乎不受浪漫風潮青睞，想必是因為他的文學形象與古典劇場傑作的關聯太過緊密。至於他的歷史地位，則險些被摧毀，也被荷蘭文學評論家多濟所動搖。在《中世紀西班牙歷史與文學研究》（一八四九）一書中，多濟呈現的是他所謂「取自新文獻的悉德」。他採用的主要史料是在十二世紀初，於塞維亞寫成的一部傳記辭典《優秀的西班牙人瑰寶》，作者是出生在葡萄牙聖塔倫區、一位籍籍無名的阿拉伯學者。辭典對悉德沙場驍將的形象毫無褒獎，多濟恢復

LAS MOCEDADES
DEL CID.
COMEDIA PRIMERA.

POR D. GVILLEM DE CASTRO.

Los que hablan en ella son los siguientes.

El Rey D. Fernando.   Ximena Gomez hija   Vn Maestro de armas
La Reyna su muger.   del Conde.   del Principe.
El Principe D. Sãcho   Arias Gonçalo.   D. Martin Gõçales
La Infanta doña Vr-   Peransules.   Vn Rey Moro.
raca.   Hernan Dias, y Ber-   Quatro Moros.
Diego Laynez Padre   mudo Lain herma-   Vn Pastor.
del Cid.   nos de Cid.   Dos, o tres Pajes, y
Rodrigo, el Cid.   Eluira criada de Xi-   alguna otra gête de
El Conde Loçano.   mena Gomez.   acompañamiento.

十七世紀劇場的悉德。在這個中世紀英雄褪色的時
代，劇場保存了悉德的角色，但將他轉換為古典戲
劇中衝突的受害者，在親情與愛情間掙扎。西班牙
劇作家德卡斯陀的《少年羅德里哥》，一六三六年
上演時大受歡迎；它啟發了年輕的高乃依寫下《悉
德》一劇，一六三七年甫推出立刻造成轟動。巴
黎，國家圖書館，印刷品藏本。

的歷史形象是一個殘酷、粗魯的傭兵，遠非西班牙傳奇裡虔誠、斯文的騎士；他甚至宣稱悉德比較接近穆斯林，而非基督徒。

二十世紀初，透過語言學家、文學史家梅涅得斯皮達的鉅著，悉德以西班牙民族英雄的形象重生。藉著他過人學識與生花妙筆，梅涅得斯皮達使悉德成為中世紀西班牙的核心英雄及其榮耀的代名詞；這部著名的大作正是《悉德的西班牙》（一九二九）。悉德在此終於達到國族榮耀的顛峰，同時，在歐洲的英雄天地裡，也由他代表了西班牙的英雄形貌。佛朗哥政權試圖要將悉德據為己有，甚至強調佛朗哥與悉德的出生地正是相鄰的布哥斯和維瓦爾，但梅涅得斯皮達不願接受這種扭曲，在數年間，當權者就解除其西班牙學院院長的職位，即使在這個領域，他其實並不是政權真正的反對者。

儘管梅涅得斯皮達的大作受到不少批評，悉德仍是中世紀的典範英雄；這是一個被國族主義盤據的中世紀。二十世紀後半期，再度拜劇場之賜，悉德又贏得一次光耀的新生。劇場導演以完全現代的手法、明星演員的推廣及在飾演羅德里哥此一角色的方式上以令人接受的年輕騎士的英雄形象，正是杜比精湛描述的中世紀青年典範的表徵，以上種種因素，使得高乃依的《悉德》在國立民眾劇場和亞維農戲劇節廣受歡迎。十九世紀末，法蘭西劇院最堅持傳統的演員穆內蘇理，呈現出非常「古典」的悉德；而年輕的悉德，則由一位年輕演員帶來新面貌，他就是風靡觀眾的傑哈菲利普（右頁）。但其他的導演和其他演員，所展現的悉德則是可以接受最現代實驗手法的劇場英雄。總之，悉德是被文學與劇場推揚的歷史英雄中之最佳範例，結合了創造英雄意象天地的各種演員：記憶、詩歌、舞臺，當然還有世人。

雖然在電影方面，悉德未受到相同的歡迎，他至少啟發了一齣名

傑哈菲利普飾演的悉德。在維拉創辦的亞維農戲劇
節,在教皇宮中庭演出高乃依的《悉德》空前轟
動;這位年輕演員立下現代英雄的形象。圖為一九
五一年時演出的劇照。

片，安東尼曼的《萬世英雄》（一九六〇），由卻爾登希斯頓和蘇菲亞羅蘭主演。如同我們先前提過的亞瑟，最近也有一齣電影，展現了悉德這一類被當下歷史所操弄的歷史英雄。這是一齣由波佐執導的西班牙動畫《悉德傳奇》，動畫裡的悉德是一位無懼且無瑕的鬥士，是嗜血摩爾人的剋星；其中的摩爾人則毫無道德感，還有個虯髯又殘酷的首領。悉德似乎成為二〇〇一年九一一事件的受害者。

另一個現代悉德。納狄藍最近在阿馬格羅及一九九八年在亞維農飾演的悉德，少一分浪漫，多幾分粗暴。赤裸著上身，高擎著長劍，近似運動員，卻帶著暴力特質；其所闡釋的另一種形象，無疑比較接近中世紀西班牙的氣氛。

現代、幾乎超現實的悉德。在岩石峻峭的背景裡，
一座城堡令人聯想到西班牙的城堡，遊覽車和一群
男女令人想到觀光客；這個年幼的悉德，是中世紀
西班牙英雄幾近幻夢的形象。蒙托瓦尼（出生於一
九四二年）的畫作；私人收藏。

7

Le cloître

迴廊中庭

「迴廊中庭」一詞，可以指修道院的一部分，或者也可以指修道院本身。

在歐洲意象天地裡一直傳遞至今的修院意識形態，彰顯出兩個組成要件的特質。首先，歷史意象天地的迴廊中庭，一座由走廊環繞的內部庭園，走廊的拱孔則朝向庭園開放，是構成修道院的中心。再者，因為修道院是整座封閉式的建築，所以另一個觀念則是迴廊中庭指涉了修道院整體。這個辭彙在兩處的基本涵義皆為「關閉、樊籬」的概念。迴廊中庭這個辭彙的拉丁文字源 claustrum，來自動詞 claudere，意即關閉。

迴廊中庭的意象天地是一圈圍牆，這在基督教的意象天地裡與庭園息息相關。中世紀最具表徵的庭園，是座封閉的苑囿，而這道圍牆保護的不只是僧侶種植的花卉、蔬果，也保護他們的靈修空間。這個靈修空間從十一、十二世紀開始，就與聖母的形象密切相連。當聖母脫離塵世種種後，一說她升天進入天堂，一說她身處一座封閉的苑囿。做為封閉苑囿的迴廊中庭，其基本指涉就是天堂；而中世紀的象徵思維，的確也經常將修院的迴廊中庭比作天堂。

除了這個天上耶路撒冷的形象外，迴廊中庭也是人心與內在世界的隱喻。它是基督教意識形態面對擾攘塵世所標舉出內心平和的一部分，連帶地與「飄泊之人」的朝聖旅途相對照。

所以，迴廊中庭是中世紀二元基督教其中一面的體現，也是歐洲感性的流

封閉的苑囿和其中心的水泉，是密閉式建物的典範，而迴廊中庭則是其建築上的極致。《人類救主之形象》，十五世紀；香堤伊，宮德博物館。

聖米榭山的迴廊中庭，是十三世紀初諾曼第建築的
傑作。它為人稱道的輕盈，接近坎特伯里和索爾茲
伯里的英國作品。而其充沛的裝飾，則與在庫唐斯
和巴佑兩地所定義的羅曼藝術吻合。人稱「奇觀」
的這座古蹟，由迴廊中庭來畢其功。

露。正如之前提過，中世紀，人與空間的基本關係反映在騎士身上的是流浪，但它有其相對卻又相輔相成的另一面，就是人與特定場所的牽繫，這在修院的辭彙中即是「地點的靜止」。於是，中世紀的男人（在某種程度上女人亦然），擺蕩在一個定點與路途之間。

迴廊中庭在四世紀，也就是西方修院建築初始就已出現。九世紀初，卡洛林王朝時代的一份文獻，印證了迴廊中庭在基督教修院結構和運作上的雙重核心地位。這份文獻是瑞士中部聖加爾修道院的平面圖，同時也是真實修道院的反映和理想修道院的表徵。圖中，迴廊中庭代表了整個修道院，呈現出一座自給自足的城市；城市的中心顯然是教堂，及依附它的迴廊中庭。在卡洛林王朝時代，修道院和其附屬建築擴張成一座真正的城池，法國皮卡第省的聖里奇埃修道院為其代表。

修院迴廊中庭的全盛時期，是十一至十二世紀的羅曼風格期。現代的美學品味，自然而然將保存迄今的羅曼式迴廊中庭（尤其在普羅旺斯地區）視為中世紀建築留下的最美成就。前文提過，大教堂的代表風格是哥德式。由這個對立可看出，中世紀意識形態與感知的特質，正是隱私與開放的對比。迴廊中庭之為修道院的內在空間，最能體現僧侶的團體精神和個人的虔信表現，要知僧侶一詞來自希臘文 monos，即是「單獨的」意思。迴廊中庭是個人祈禱的場所。基督教虔信的基本日課就是祈禱，而迴廊中庭則是其最具代表的環境。不過，迴廊中庭的廊道也可是團體展示虔信的舞臺，例如僧侶的禮拜遊行。

迴廊中庭在修院生活中達到顛峰，應是在十二世紀的改革，最著名即是熙篤會的改革。對迴廊中庭的讚頌，是十二世紀修院靈修與修

封閉的庭園,要由牆的一道門進入,而牆內藏有一
叢叢的樹木花卉,一對男女嬉遊其間。封閉的范圍
和迴廊中庭界定了孤獨、享樂與愛情的空間。農事
曆,《德克萊森之農稼論》的十五世紀法文譯本;
巴黎,國家圖書館。

院文學的一大主題。這種虔信有兩部最卓越的作品見證：一部是本篤會修士德塞勒的《迴廊中庭學院》，他逝於一一八三年；另一部則是法國北部鄰近寇而比的奧古斯丁會司鐸德富依瓦所著之《靈魂的迴廊中庭》，他卒於一一七四年。德塞勒強調迴廊中庭的美德，在於靈魂的寧靜（quies）和能全心投入虔信的優閒（otium）；而德富依瓦則

莫瓦賽克的迴廊中庭。十二世紀是羅曼式迴廊中庭
的全盛時期，許多傑作仍完好地保存於法國南部和
西班牙。莫瓦賽克的迴廊中庭是其中最美之一。

將迴廊中庭各個部分賦予寓意的詮釋。由此可以看出，迴廊中庭是孤獨和靜觀生活的象徵表現，與活躍的生活適成對比。

修院的靈修，尤其是本篤會的修院，常藉助於藝術，特別是雕塑。它同時是對上帝的禮讚，也是提升性靈的方法，因此迴廊中庭的廊道經常飾以偉大的雕塑。最美的範例，可舉出法國西南部莫瓦賽克的迴廊中庭（146-147 頁）及普羅旺斯阿爾勒的聖托菲姆為代表。

托缽修會進入城市，住進這些建築裡，但它們不再被稱為修道院，而是隱修院，不過仍保存了迴廊中庭做為其內部空間。迴廊中庭自此隨著美學的品好而演變，哥德式、文藝復興式及巴洛克式。巴洛克式迴廊中庭的絕美範例，就是由普羅密尼於十七世紀初建造於羅馬的四泉聖卡羅教堂。

迴廊中庭的主要目標，就是封閉與隱修。這個理想及其實踐特別強加於女人身上，但也可能是出於她們的自願。從五世紀開始，隱修女就接受嚴格的隱修規則，即便是托缽修會的修女，包括聖克萊爾會修女，也都力行隱修。但修士卻不同，因為他們傳播福音的工作需要不時離開隱修院。教宗博尼法奇烏斯八世於一二九八年頒布的教宗法令《危機論》，將隱修的誓願推及所有修女。十六世紀，當新教改革廢除修道院、隱修院、隱修制度時，天主教的反改革卻延伸並強化了修女的隱修。嚴格的隱修制度，是聖德蘭‧亞維拉改革聖衣會（加爾默羅會）的一大要素。米蘭的樞機主教伯洛美嚴格要求修女遵守隱修的規定；特利騰大公會議則下令，凡是違背隱修誓願者都將開除教籍。十七世紀初，聖方濟沙雷和貞德‧善達爾建立新修會時，即使不願如此，也不得不採用隱修制度。在法國大革命的種種波折，與眾多修道院、隱修院紛紛關閉後，迴廊中庭的形象仍與修女的形象緊密相

迴廊中庭的禮拜遊行。迴廊中庭的廊道曾是禮拜遊
行的場所。這幅膠彩畫是仿照霍爾特乃爾的版畫，
呈現楊森派迴廊中庭的禮拜遊行。十七世紀，波華
雅勒的格朗琪博物館。

迴廊中庭　149

連。這在十九世紀形成一組對比：一方是活躍、普行善事的修女，如聖文森會的修女；另一方則是閉門的隱修女，其代表形象就是聖衣會的修女。貝爾納諾斯的劇本《聖衣會修女的對話》，由蒲朗克譜成歌劇後，固定了女性與迴廊中庭間想像的聯繫。

　　十九世紀末、二十世紀初，迴廊中庭成為中世紀修院天堂的懷舊形象。身為建築的傑作與雕塑的彙集，它吸引了富人收藏家的興趣，尤其是美國的愛好者，他們將其視為中世紀藝術的至高表現。雕塑家巴納從一九一四年開始，彙集了歐洲中世紀修院的各式殘垣。一九二五年，洛克菲勒買下整批收藏，捐贈給紐約大都會美術館。而美術館於一九二六年將之整理重組，在俯臨哈得遜河高地上的副館開放展覽，供大眾參觀。在此幾乎完整重組的主要是「沙漠之聖紀堯姆」和「古沙之聖米榭」的迴廊中庭。其他的雕塑、織毯、建築殘片，包圍著這些被遷移過來、重組而成的迴廊中庭。這棟建築的名稱就是「迴廊中庭」。於是，迴廊中庭的意象天地，在最足以表徵當代美洲的城市尋獲一份記憶與重生。

　　大部分的修道院今都已廢棄，只留下空洞的迴廊中庭。但這個在過去因為令人想起孤獨、想到天堂，而成為神話的場所，卻替某些音樂活動提供了一個特殊的框架；法國培利地區諾瓦拉克的迴廊中庭就是最知名的例子。於是，在今日歐洲的意象天地裡，迴廊中庭的形象，同時是失去的天堂、毀棄或無門禁的監獄。

巴洛克式的迴廊中庭。這座迴廊中庭是由普羅密尼於十七世紀初建造，用以妝點羅馬的四泉聖卡羅教堂。

迴廊中庭在十九世紀成為管絃樂演奏會的世俗場所。這幅德嘉的畫，前方呈現樂池中音樂家的頭，背後則是梅耶貝爾的《魔鬼羅伯特》芭蕾舞場景。一八七二年，倫敦，維多利亞和艾伯特博物館。

安樂鄉

安樂鄉是想像中的國度，
出現在十三世紀初的古法文故事中。

這個中世紀意象天地的創造，藉由三份手稿流傳到今日，第一份原稿大約是完成於一二五〇年前後，另外兩份抄本則是十四世紀初所作。這個從未出現過的字，字源無法考證。語言學家透過各種努力，不管是搜尋晚期拉丁文，或是普羅旺斯方言的字源，還是將此字與廚事連上關係，其結果全都徒勞無功。安樂鄉是從中世紀意象天地裡憑空誕生的。

這個法文詞彙（Cocagne）很快就被翻譯成英文（Cokaygne 或 Cockaigne）、義大利文（Cuccagna），還有西班牙文（Cucaña）。德國人選用了另一個字（Schlaraffenland），它的來源一樣不可考。十三世紀的安樂鄉故事，是一篇兩百行的八音節詩，描寫的是作者來到一個想像國度的遊記。佚名的作者因為教宗強制的贖罪方式而踏上旅途，卻在途中發現「一片處處皆是奇觀的土地」，這是「上帝與聖徒祝福」的土地，國名叫做安樂鄉。它隨即被加上這個奇觀特質的定義，「在此睡得愈多的人，收穫愈多。」所以睡眠是益處的泉源。我認為這是在影射放高利貸者，因為當時的人常譏諷，即便他們睡著，利息也還在增長。所以故事一開始就與十三世紀的道德觀唱反調，在這個國家裡，房子的牆壁是用魚做的，有「鱸魚、鮭魚、鯡魚」，屋椽是鱘魚做的，屋頂是燻肉，支撐的條板是香腸，麥田的圍籬是烤肉和火腿；在街頭，烤肉架上的肥鵝會自己翻轉，不時還會自行用大蒜調味。每一條大路、每一條街道、每一條巷弄都擺著鋪好潔白餐巾的飯桌，大家都可以坐下享用，毫無禁忌，不論是吃魚吃肉，還是鹿肉飛禽，烤的燉的，一毛錢都不必付。在這個國家裡，有一條流著酒的河，河裡的玻璃杯和有蓋的高腳金杯、銀杯，都會自動盛滿。河裡一半是最好的紅酒，如博納或海外的紅酒；另一半則是優良的白酒，如

安樂鄉與都市地名。羅馬的一條老街叫做「安樂鄉街」。

食物與飲料的天堂。一個又肥又胖的饕客，頭頂鍋子，手持串肉叉，騎在大酒桶上。老布魯格爾，《嘉年華與齋戒期的戰鬥》（局部），一五五九年；維也納・藝術史博物館。

歐塞荷、拉羅謝爾、托內爾出產的白酒。當然這也是免費的。而且居民勇敢有禮，毫不粗鄙。在描述了豐饒的食物之後，豐饒中重量也重質，接著是一幅非常特殊的享樂曆法。每個月有六個星期；每年有四個復活節、四個聖約翰節、四次葡萄採收；每天都是節日、都是星期天；每年還有四個萬聖節、四個耶誕節、四個聖蠟節、四個嘉年華；而每二十年才有一次齋戒期。

作者又回到食物上，再次強調大家想吃就吃、要吃什麼就吃什麼，因為無論是誰，都不應受到禁食的限制。他本已毫無禁忌地談論食物，現在又更明確指出「只要敢做，不得加禁」。我們不由想到一九六八年五月學生運動的口號「嚴禁禁止」，看來一個百無禁忌的社會烏托邦，可以上溯到十三世紀的安樂鄉。這個時期同樣也被今日社會的其他基本訴求所縈繞，性與工作，安樂鄉的故事並沒有忽略它們。

在結束這段食物的描寫之前，還需一提的是，這個國家每星期有三天下的雨是熱血腸。作者接著對金錢徹底的批評，主張將其完全消除。「這個國家之富裕，在田野到處都找得到裝滿錢幣的荷包，甚至還有外國的金幣，阿摩拉維德和拜占庭的金幣，不過無人使用，因為一切免費，在這裡既不買，也不賣。」故事作者再次抨擊的是十三世紀貨幣經濟的大爆炸。

接著要談性。所有女人都是如此美麗，無論是婦人或少女，每個人都能選擇他喜歡的女人，沒有人會因此生氣。大家能隨時隨性地盡情享樂。這些女人不僅不會被譴責，反而受到尊重。當一位女士看上一個男人，就算在大街上也能把他攔下，享受一番，於是男女盡歡。我認為，令人吃驚的還不是性慾自由的夢想，如同當時某些描述印度

《安樂鄉》。老布魯格爾的這幅名畫,將懶惰結合
以食物的享受。三個睡覺的人和一位餡餅小販正睡
眼惺忪地消化,富饒的食物從天而降。一五六七
年;慕尼黑,古代美術館。

奇觀的作品，男女間的性行為出奇的平等。教會甫於一二一五年要求，結婚時女方的同意和男方的同意一樣重要。兩性平等在安樂鄉推展到最極端的結果。男性主導的中世紀，並不全像大家過度強調的全面歧視女性。

或許有人會等著讀到裸體的習俗和讚頌，但裸體毫無出奇之處。奇觀來自衣物，服飾才是奇觀。在這個國家，布商都非常慷慨，他們每個月分送不同的衣服，淡褐色、殷紅色、紫色、綠色的袍子；質料則有上選的羊毛、粗布羊毛，或是亞歷山卓的絲綢，或是條紋布、駱駝毛布。衣服的顏色有許多選擇，還有灰色及鑲織白鼬的皮毛。在這片樂土上，還有非常勤奮的鞋匠，他們分送繫帶的鞋子、靴子和夏天的淺鞋，都製作得相當合腳，每天三百雙，任憑選擇。

還有另一個奇觀，就是讓男男女女變年輕的青春之泉。不管男人是否已老到皓首蒼蒼，亦不論女人老到頭髮灰白，都能回到三十歲；這是假設基督開始布道的年齡。

來到這個國家又離開的人，想必是瘋子。而作者承認說：「這正是我所做的，因為我要回去找我的朋友，帶他們來到這片樂土，但我已不知怎麼回去。如果你們在自己的土地上快樂的話，不要想著離開，因為嘗試改變只有損失。」

安樂鄉的故事能避免遭到完全銷毀的劫難，定然因為它先套用了基督教的外衣，尤可確定的是，因為它的結論不是召喚反抗，而是安分知命。其所滋養的烏托邦功能命題，可說是一種挑釁，也可謂是一種發洩。安樂鄉的失落天堂，是古代哲學中菁英式黃金年代存在於中世紀的一種平民形式。這是一個豐裕的夢想，揭露了飢餓乃中世紀民眾最大的恐懼；一個自由的夢想，譴責各式禁令的壓力和教會的鉗

青春泉。在青春泉的仙水中返老還童,在水浴的嬉
戲間回歸原始的赤裸,而情愛的娛樂,呼喚社會各
個階級上了年紀的男男女女,回復年輕及享樂。賈
克里歐,《青春泉》,十五世紀;曼托瓦城堡。

一個大腹便便的男人和一個枯瘦女人所代表的對立，一邊是令人聯想到安樂鄉的享樂，另一邊是教會強制規定的齋戒期禁欲。老布魯格爾，《嘉年華與齋戒期的戰鬥》，一五五九年；維也納，藝術史博物館。

制；一個懶惰、優游無事的夢想，至少也是面對提倡工作所產生的休閒夢想，因為嘉獎勞動者只是為了使他們更順服；最後這是一個青春的夢想，因為中世紀男女一般壽命都不長。但最吸引我注意的是，故事中對時間被教會與宗教所框架住的控訴。一個幸福曆法的夢想，是所有社會意象天地中的一大美夢。

最後，安樂鄉故事的夢想，是一個享樂的夢想。我認為光是這點，就已經足以讓它與當時的宗教異端徹底區隔。一般來說，這些異端都崇奉嚴格，譴責肉體、物質、歡樂，比教會還過分。安樂鄉讓禁欲的異端者毛骨悚然。

至於過去有人表達，安樂鄉近似古蘭經天堂的看法，我無法在此陳述我個人的意見。我完全不相信這個影響，即使二者有相似之處。我認為不論東方或西方的異教觀念，在此都很接近，這才是主因。

安樂鄉的烏托邦在歐洲的意象天地中持續不墜。但我要區分兩個時代、兩個階段。首先，是趣味故事文學收納了這個主題。安樂鄉有幸受薄伽丘青睞，寫入《十日談》中。之後，流傳下來的安樂鄉又混入其他的抗爭主題，我認為最主要的有三項：其一是青春泉，它已現身在故事裡；其二是嘉年華與齋戒期的戰鬥，它大約與故事出現於同一年代，即是齋戒與肉食的戰鬥；其三則是顛倒世界的主題。這些主題在十六世紀的文學、藝術和意象天地中都非常興盛。個人認為值得注意的是，大畫家老布魯格爾同時畫下安樂鄉僅有的偉大繪畫表現（畫中表彰優閒無事、睡眠、肉體的富足），還有嘉年華與齋戒期的戰鬥。現代評論家從這個故事裡看到「補償的夢想」，即「社會的烏托邦」（如捷克史學家格勞斯）、「反教士」的烏托邦、「遁世」的烏托邦，最後還有「平民的烏托邦」或「民俗的烏托邦」。

不論從歷史觀點要定義所謂的民俗文化何其困難，我認為中世紀基督教傾向將之抨擊為異教的這種文化，在歷史上框定了安樂鄉的背景。十三世紀的故事定然有汲取異教的傳統。而近代，無疑是從十八世紀開始，安樂鄉的烏托邦如鄉野軼聞般成為兒童的遊戲。或許是受到「五月植樹慶」的影響（這是應該注意的線索），安樂鄉在鄉下的農村地區保存了下來，將其名字賦予一項民俗節慶的單元，即是安樂鄉桅竿。在桅竿頂端掛著獎品，大多是食物、零嘴，有人（通常是小孩）必須爬到桅竿頂端取下獎品。安樂鄉桅竿最早的紀錄，似乎是在一部叫做《巴黎市民日記》的札記中，它記錄了一四二五年時，巴黎雖受英國人和勃艮第人的統治，但人們依舊取樂。

> 九月一日星期六，是聖勒與聖吉勒節，教區的某些居民提出一種新的娛樂，並隨之舉行。他們拿了一根約十二公尺長的竿子，把它插在土裡，並在最高處放一個籃子，裡面有一隻肥鵝和六枚金幣；竿子上則塗上厚厚的油。接著有人高喊，有誰能不靠幫助爬上竿頂取下鵝來，就能得到竿子、籃子、鵝和六枚金幣。但是不管身手多麼矯健，都沒有人能爬到頂端。不過到了晚上，一個爬得最高的年輕僕役得到了鵝，但是沒有籃子、沒有金幣，也沒有竿子。這是在鵝街，康亢波之前[1]。

　　安樂鄉桅竿成為遊樂場的餘興節目，它凸顯出在我們社會的歷史中，建構其占天地的奇觀神話，穿越過何其多元的途徑。

MAT DE COCAGNE

N.º 1er
XVIII. Courage Amis, je me tiens Soutenez moi la tête me tourne.

N.º 2
Mon Goddem! c'est pour la seconde fois n'y revenez pas

N.º 3
N.B. le fardeau est lourd mais il me payera cher.

N.º 4
N.º 1er J'en y Suis que pour la Gloire et la Pologne

N.º 5
Sapr.. V... J'y Suis pourtant monté deux fois tout Seul.

N.º 6
2 fines donc petit drôle tu ne vois pas que je les lâche et me laisse tomber tous Sur le dos.

N.º 7
Papa 2 fois Papa je te les tiendrai comme ça me ferez rire.

（上）安樂鄉桅竿，兒童的遊戲。在羅馬市民驚訝的
目光下，這桅竿提供禮物給樂於爬上去的小孩。羅
馬，民俗藝術及傳統博物館。

（左）安樂鄉桅竿。安樂鄉桅竿原是市集節慶的民俗
娛樂，但也能政治化。這幅膠彩畫指出法國復辟時期
的國王路易十八，是聯盟國支撐起來的傀儡，他們於
一八一五年摧毀了法國大革命和拿破崙。沙托魯，柏
特朗博物館。

Le jongleur

雜耍人

雜耍人是個取悅者。
其名稱來自拉丁文 jocus，即遊戲。

這是他們在中世紀社會與文化裡地位和曖昧形象的由來。之所以曖昧，是因為在當時的社會與文化中，享樂是曖昧的，而雜耍人正是曖昧英雄的例子。法哈爾認為雜耍人是古代默劇演員的繼承人，但令我驚訝的是，他們和十至十二世紀成形的新封建社會有著密切關聯。至少可以確定的是，他們承襲了一部分異教徒取悅者的遺產，特別是塞爾特社會的詩人。雜耍人是個浪遊的取悅者，前去賞識他們、並會給予報酬的地方表演技藝，亦即在領主的城堡裡。他們是全能的取悅者，能吟詩，也能說故事，是「動嘴」的雜耍人。不過他們並非這些文本的作者，吟遊詩人才是，雜耍人只是演出者。

同時，他們也是「動作」的雜耍人。是可以扭曲肢體的特技表演者，符合現代定義的雜耍人；也是舞者，但多帶有模仿嘲諷的意味；最後他們還是音樂家，歌唱時多以詩弦琴或手搖弦琴來伴奏。但這一切都視雜耍人的演出內容而定，還有表演者為之賦予的意義。雜耍人或多或少是人類雙重本性的寫照，雖為上帝所創造，卻因原罪而墮落。於是，他們的思想和行為可以傾向好的一邊或壞的一邊，展現自己是上帝以其形象創造的神子或被魔鬼操縱的罪人。他們可以是上帝的雜耍人，也可以是魔鬼的雜耍人。究其根本，他們是所有中世紀英雄的基本宏觀形象：一個英勇的人，但或多或少也是罪人，可以離棄上帝轉而效力魔鬼。中世紀道德的一大任務，即是在中世紀英雄的舉止裡，區分何者為善、何者為惡，區分純潔與不淨。而這個課題則專注於中世紀時人的職業上，這職業是合法或非法？在雜耍人身上，他的職業目標是要啟發樂趣，但這是合法或非法的欲望呢？十三世紀初，一部在中世紀研究中頗著名的作品區分了好的和壞的雜耍人。這部作品表現出當時的雙重思潮，正是有力地質疑職業二元性的問題。

在羅曼時期，雜耍人表達了封建社會肢體語言的娛
樂，和身體中惡魔的祕密。十二世紀，里昂美術
館。

一方面是士林哲學的方法，屬於批判的方法，是區別、整理、分類的方法，因此試圖將真假、合法或非法區隔開來。另一方面，是附耳告解的進步，它於一二一五年由拉特朗第四屆大公會議宣布為必要。這是向司鐸私下隱祕的告解方式。因為大公會議試圖為各行各業在道德與社會上的益處和危險都加以定義，而這正是一部告解者的手冊，約在一二一五年前不久，由曾受教於巴黎大學的英國人德喬翰所作。他區分了好的和壞的雜耍人。根據德喬翰的著作，壞的雜耍人、「可恥的」雜耍人，是面對耍寶、逾矩、言詞與動作的暴露毫不退縮。那些是無法讓軀體為精神服務的人，只能算是丑角，是以下流的肢體動作來取代合宜的姿勢。但亦有其他值得稱許的雜耍人，他們「歌詠王侯的功業、聖徒的生平，當人生病或焦慮時帶來寬慰，不會犯下過多醜陋的言行，不像那些表演特技的男女，或是推出可恥節目的人，用咒語或其他方法讓幽靈出現」。

無論合法或非法，中世紀雜耍人始終處於道德、教會與封建社會所能允許的臨界點。他們凸顯出中世紀英雄地位之脆弱，相較於其他英雄，更趨近於邊緣人；如果我們經常看到他們在手稿插圖的邊緣出現，這絕非偶然。不過，在聖經中倒有一位顯赫的雜耍人。這位雜耍人，就是大衛。大衛王是一位懂得遊戲、唱歌、跳舞的國王。他固然也有弱點，尤其是面對拔示巴、面對令他屈服的魅力因而犯下通姦的行為，但他仍是一個光榮的榜樣；當教會與社會試圖要鄙斥或排擠雜耍人時，是他支持了雜耍人的形象。

根據米榭‧贊克的看法，在十二世紀的封建社會中，替雜耍人平反最力的就是聖伯納（一一五三年過世）。對聖伯納而言，雜耍人提供一個謙卑的範例，人一旦謙卑，就像「雜耍人和特技人，他們頭

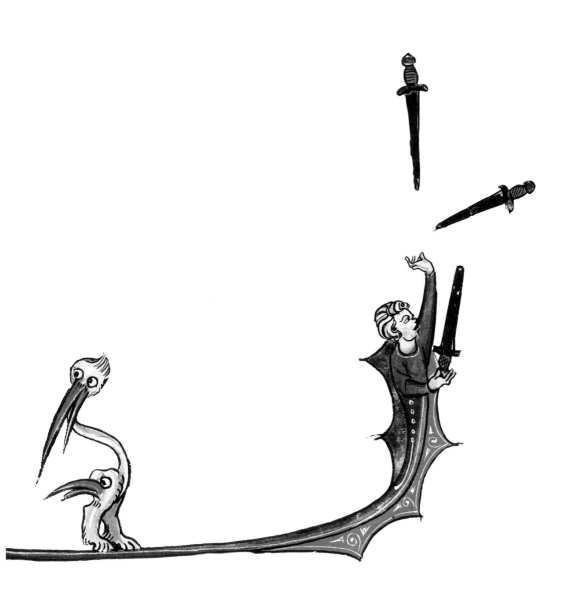

畫在頁緣的雜耍人。在封建時期，頁緣是絕技和玩笑的藏身之處。這是十三世紀《梅林歷史》繪飾的局部，彰顯出雜耍人的身段，並讓戰士的劍成為道具，預告了馬戲團的出現。巴黎，國家圖書館‧手稿編號 fr. 95，第 318 頁。

朝下、腳騰空，和常人的習慣正好相反，用雙手行走，因此吸引大家的注意。這絕非幼稚的戲要，也不是劇場表演，以女體可恥的搖擺來撩撥欲望，呈現可鄙的舉止。它是親切、合宜、嚴肅、卓越的表演，甚至能以此娛悅天庭的觀眾」。在十二世紀的這個時刻，教會和基督徒正遲疑於兩難之間，是要平反雜要人，如同聖伯納為其正名，或是不留餘地的譴責，如當時歐坦的霍諾利烏斯在《闡明論》一書中的界定。一位學生向他提出疑問：「雜要人還有救嗎？」老師則回答：「完全沒有，因為他們全心要成為魔鬼的僕役；所謂不識上帝者，就是指他們。這也是為什麼當小偷被人嘲笑時，連上帝也蔑視他們。」即使「思想進步者」如阿貝拉，都持相同看法。他在雜要人的活動中看見「魔鬼的布道」。如果雜要人能夠逐漸被接受，還受到稱許、敬佩，主要是因為他們的形象在聖伯納之後大有轉變。儘管聖伯納因為謙卑而自稱為上帝的雜要人，但他也藐視那些取悅者，而且態度頗接近某些狂熱的基督徒，以瘋狂的行止表示在上帝面前自慚形穢。

到了十三世紀，雜要人終於成為正面的人物，這大體上要歸功於托鉢修會，因為雜要人的角色與聖方濟各一起出現。在中世紀，沒有人比聖方濟各更能自稱為「上帝的雜要人」。不過，他指明自己是「動嘴」的雜要人，也就是說他避免了肢體的動作。但由於布道的性質是敘述的、平民的，使他認為與雜要人這種有益的職業相近。同樣在十三世紀，方濟會的布道家德畢雅德則將告解者與雜要人相提並論：「雜要人是以優秀的言詞和行為，為上帝與聖徒帶來歡笑和喜悅的告解者。告解者在教堂誦經，而雜要人歌唱、說羅曼語；也就是說，告解者用拉丁文表達的，他用羅曼語在布道中傳達給非教徒。」這裡必須要強調，從聖伯納到聖方濟各、德畢雅德，基督徒在幸福與

supne dispensacionis insinuans· de eleca
unuus eruusa· neuissime intulit dicens·

雜耍魔術師。十二世紀嚴肅的熙篤會教士，不顧聖
伯納的反對，在教宗額我略一世《雅各書的道德論
文》上加繪起首字母，這是修院虔信的基本教材。
這裡的字母是 H，呈現了雜耍魔術師的魔鬼把戲。
不論在什麼年紀，年輕或年老，都可以成為雜耍
人；他們所使用的動物，如猴子和兔子，是魔鬼
的、不道德的象徵。第戎，市立圖書館，手稿編號
173，第66頁。

享樂上的表現有一大演變。當時在修道院中，笑仍是被抑制的，但現今已解放。聖方濟各是懂得笑的聖徒，他還把笑當作靈性的表達，也就是說對於看到他笑、聽到他笑的人，便可得知其聖德的表現。另一位方濟會修士培根，提出「將布道建立於動之以情的修辭學上，而這修辭學又建立於採用姿勢、表情，甚至音樂和雜耍人的技藝」。十三世紀末，加泰隆尼亞人盧爾的幾本重要小說，寫下受褒揚的雜耍人。雜耍人不再只是樂趣的傳播者，本身亦成為了文學英雄，尤其是當雜耍人變成吟遊歌者之後。

同時，這個改變與社會、思潮和文化的演進亦有關。流浪的雜耍人為了討生活，仿效其他設立在城市或城堡中的行業，開始成為固定、安居的取悅者，為慷慨資助的領主服務。再者，音樂的開放和由專門樂者演奏的新式樂器的傳播，音樂漸漸從雜耍人的表演活動中消失。在巴黎，曾有一條叫做「雜耍人」的街，顯示這是個正式且被認可的行業，中世紀末變成「吟遊歌者」街，就是今日的杭畢多街。

吟遊歌者之為文學英雄，出現於阿德內．勒魯瓦的小說《克雷歐馬德》（一二六〇年前後）中：

真正的吟遊歌者要小心
不能惹厭及口出惡言；
任何言詞，只要稍有惡意，
絕不從他口中道出。
他必須要隨時準備
在他所到之處宣揚善行。
舉止如此的人方是有福！

聖母院的雜耍人。十九和二十世紀的人,都很樂意
再次展現這個中世紀的故事,聖母從臺座上下來,
安慰並感謝在她雕像前表演的雜耍人。英國畫家費
爾坡特(一八八四至一九三七)畫出中世紀的背
景,聖母是戴著皇冠的王后,替如運動員的雜耍人
擦拭額頭上的汗水。私人收藏。

另一位吟遊歌者科蘭‧繆塞，十三世紀中葉活躍於法國的香檳省和洛林省。他清楚地唱出雜耍人不穩定的境況，總企盼能成為定居的吟遊歌者。他對一位不甚慷慨的領主說：

> 伯爵閣下，我枯守在
> 您跟前，在您府邸前，
> 而您什麼也沒賜賞，
> 用來回報我的付出，
> 這真是羞恥啊！
> 我以聖母瑪麗亞起誓，
> 我不再追隨您了。
> 我的腰包已然掏空
> 而且我的錢囊蕭瑟。

此外，有一個饒富深意的故事褒揚了雜耍人的角色，表現出他們能將職業和技藝內斂，不尋求觀眾的獎勵；這就是聖母院的雜耍人。他以為四下無人，便在聖母抱子的雕像前表演，要將才華與努力獻給瑪麗亞和耶穌。適巧有位僧侶和修院院長瞥見其孤獨的演練，事情這才傳開來，成了虔敬的典範。數世紀以來，《聖母院的雜耍人》一直是部靈感之泉的名作，它讓雜耍人的英雄形象有了承續。其中的一個成果，就是馬斯奈於一九〇二年譜成的歌劇，在回歸中世紀音樂和感知的影響下、在格雷哥里聖歌的新生與聖歌學院的啟迪下表達出來。

在此期間，雜耍人的形象有了徹底改變。相關的現象，就是在娛樂的社會空間內出現一大創舉：十六世紀後半，馬戲團的誕生。

這張一九〇四年的海報闡釋了聖母院雜耍人的故
事,由馬斯奈譜成音樂。場景比前頁的畫作更加戲
劇化。巴黎,國家圖書館。

從此，雜耍人不過是馬戲團眾多藝人中的一個專業藝人。他們代表的是戲法及面對危險時能身手靈巧的帶來樂趣。特技者變成有別於雜耍人的空中飛人，而動嘴的雜耍人成為全新的取悅者，將在現代世界享有神奇的命運，那就是小丑。這個名詞出現於十六世紀後半期的英文中，很快就進入法文，有以下的不同拼法 cloyne、cloine（一五六三）、clowne（一五六七）、cloune（一五七〇）。十六世紀的英國，小丑是個鄉巴佬，總是不由自主地惹人發笑。在莎士比亞的劇場裡，丑角有其相當的地位，而莎翁劇場是中世紀文化與感知的完竟與顛峰。小丑，是中世紀英雄某一面向的繼承人，一個同時分享淚與笑的人。

雖然只剩下手腳的巧藝，雜耍人又找到其他的資產，來充實此一行業和節目，有來自遙遠的中國和來自十九世紀風靡美國的馬戲團。今日，雜耍人並未完全重拾其原本形象，僅存一個隱喻的形象，其涵義半是崇拜、半是譴責，所謂現代雜耍人的舞弊，特別是指要弄手段的政治界和金融界人物。雜耍人是一個邊緣英雄的例子，在現代與當今的意象天地裡，他們已逐漸剝蝕消逝。

雜耍人與丑戲。這幅屠卡羅於一五九九年的版畫，把我們帶回到最初的馬戲團。幾個雜耍人表演著所謂「貓的跳躍」，道具是一張椅子或一條板凳。

Le Petit Journal

TOUS LES JOURS
Le Petit Journal
5 Centimes

SUPPLÉMENT ILLUSTRÉ
Huit pages : CINQ centimes

TOUS LES VENDREDIS
Le Supplément illustré
5 Centimes

Quatrième Année   SAMEDI 19 AOUT 1893   Numéro 143

CLÉMENCEAU
Le pas du commandité

雜耍戲法的隱喻。在現代，我們所稱的雜耍人和這
個行業，其實是指在馬戲團和節慶表演之外，各種
的幻術師和作弊者。這裡描繪的是克里蒙梭，在論
戰的觀點中，他正在「玩弄」巴拿馬運河股票的
錢。「巴黎小報」的插圖副刊，一八九三年八月十
九日。

10

La licorne

獨角獸

隨著獨角獸現身，本書有了一座動物天地，
無論在中世紀或今日歐洲的意象天地裡，
它始終占有極重要的地位。

中世紀英雄裡，除了歷史人物或真實角色外，還有想像的生物，獨角獸是個很好的例證。一如英雄人物，獨角獸的命運一方面闡釋了中世紀時期眾人長久來對現實與想像間疆界的毫不在乎，另一方面也凸顯他們對於驚人、充滿象徵意味之英雄的熱愛。

獨角獸是古希臘羅馬時代傳遞給中世紀的遺產。早期教會的使徒與中世紀前期的基督徒作者，都是從一部著作裡找到獨角獸，此書也是賦予動物在西方中世紀文化裡特殊地位的泉源。這是一本在亞歷山卓城以希臘文寫成的論述《自然學家》，成書於西元二至四世紀間，無疑是祕義教派的產物，即沉浸於宗教的象徵主義；此書很快就被翻譯成拉丁文。獨角獸之所以廣受歡迎，要歸因於牠的美學素質，尤其是在中世紀宗教感知的核心裡，牠與基督和聖母的緊密關聯。在古典文獻中，獨角獸曾被提過三次。先是在浦林《博物史》中（第八書，第三十一章，第七十六節）；之後，西元三世紀時的多題材作家索林，在《萬象蒐奇》中也談到牠，這部作品提供中世紀奇觀最豐富的寶藏。但最關鍵的文字還是《自然學家》中的這段描述：

> 獨角獸的身材不大，但野性極強；頭上頂著一支角。除非使用詭計，否則沒有獵人抓得到牠。要在牠出沒之處，以處女吸引牠。獨角獸一見到處女，便會躍入她的懷抱。這樣，牠才會被擒捕，送進國王的宮殿裡。

之後，透過幾篇奠基性的作品繼續流傳，獨角獸被引進中世紀號稱為科學的知識及象徵世界裡。這些作品分別是教宗額我略一世《雅各書的道德論文》（第三十一章，第十五節）、塞維亞的伊西多爾

《自然史的奧祕：世上的奇觀與可識之物》。約一
四八〇年；巴黎，國家圖書館，手稿編號 22971，
第 20 頁。

《字源學》（第十二冊，第二章，第十二至十三節）、貝達《雅歌詮解》（雅歌第七十七篇的注釋）、拉邦‧摩爾的百科全書《自然本源》（第八冊，第一章）。獨角獸流行於十二世紀的情形，從牠出現在廣受歡迎的《布蘭詩歌》中可見一斑。更重要的是，獨角獸成為《動物寓言集》中不可或缺的重要角色。這些寓言集全是半科學、半虛構的作品，必然含有道德教訓，而且將真實動物與想像動物集合於同一個信仰、同一種著迷之下。

對獨角獸的描述大致是重拾《自然學家》的原文。獨角獸是種非常凶殘的動物，所有接近牠的獵人都會被殺死。但如果遇到處女，就會撲進其懷裡；少女會對牠哺乳，然後將之捕獲。少女的童貞是成功捕獵獨角獸的先決條件。

如同所有希臘羅馬的遺產，獨角獸的角色也在中世紀被基督教義化。獨角獸是救世主的形象；牠成為救贖的角，而聖母瑪麗亞的懷抱就是牠的居所。牠更成為《約翰福音》中一段經文的注解（第一章，第十四節）：「道化為肉身，而道在我們中間。」獨角獸指涉了最具代表性的處女，聖母瑪麗亞；而獵捕獨角獸，能以寓意的方式呈現耶穌降生人世的奧義。獨角獸代表著「單角聖靈的基督」，牠的角成為基督的十字架。因為獨角獸同時被視為聖母瑪麗亞與耶穌基督的化身，占據了基督教象徵的核心，藉著這雙重的認同，某些史學家透過中世紀獨角獸的雙重象徵，強調基督教男女同體的本質。於是，獨角獸更是賦予歐洲意象天地一個雙性人類的原型。

諾曼第修士紀庸在一二一〇至一二一一年間寫成一部《神聖動物寓言》，這是法文中用韻文寫成最長的動物寓言。其中〈獨角獸〉一篇，是這個信仰最好的例子：

獵人、處女與獨角獸。動物寓言集都將獨角獸描繪
作真實的動物，但賦予象徵的詮釋。在本圖內，獨
角獸被騎士或獵人攻擊，為長矛所傷，逃避到處女
的懷裡；然而處女其實是誘餌。「王室手稿」，十
三世紀上半期；倫敦，大英圖書館，手稿編號 12
F. XIII，第 10 頁。

我們要敘說獨角獸的故事：
這是種只有一支角的動物，
角生在額頭的正中間。
這種野獸是如此暴躁、
如此挑釁，又如此大膽。
牠敢攻擊世界上
所有動物中，
最令人懼怕的大象。
獨角獸的蹄是這般堅硬又鋒利，
牠很樂意和大象對決；
牠蹄端的趾爪是這般尖銳，
所擊之處，不是被刺穿，
就是被撕裂。
當牠攻擊時，
大象完全無力自保，
因為牠會從大象腹下猛力出擊，
牠的蹄子如刀鋒般銳利，
整隻大象開膛破肚。
這野獸的力量如此之大，
不畏懼任何獵人。
想要捉到牠的獵人，
要用詭計才能將之擒縛。
當牠出外嬉戲，
優游在高山上、深谷裡，

一旦獵人發現牠的巢穴

並記錄下牠的行跡，

他們便去找來一位小姐，

依然擁有處子的童貞；

他們讓她坐在野獸的窩穴前，

等待著將牠一舉成擒。

當獨角獸回來，

看見少女之後，

會立刻朝向她走去，

然後臥入她的懷裡。

這時，在旁窺視的獵人便一擁而上；

他們於是制伏獨角獸，將牠捆綁起來，

然後耀武揚威地將牠

強行送到國王面前。

這種異乎尋常的動物，

在頭上只長了一支角，

牠代表著我們的主，

耶穌基督，我們的救主。

耶穌是天上的獨角獸，

託身於最令人崇敬的

聖母的懷抱裡；

從聖母體中獲得人形，

以此現身於世人眼前；

他的同胞卻不承認他。

非但如此，猶太人還窺視他，

終究逮捕了他，將他捆綁起來；

他們把他送到彼拉多之前，

在他面前，將耶穌處死。

這首詩的結尾，展現了中世紀時期，是如何以炙燃最可鄙的情緒
來利用意象天地，並將之合理化。獨角獸被徵召來傳達反猶太教的主
張，這也是反猶太主義的前身。

不過在中世紀期間，獨角獸的主題漸漸變得溫婉，尤其是出現
在和愛情有關的奇觀天地裡。著名的吟遊詩人香檳省伯爵堤博四世
（一二〇一～一二五三），在詩篇中把自己視為偉大宮廷詩歌裡的完
美情人。他在最著名的一首詩裡，把自己比擬為獨角獸。

我就像獨角獸

悸動地凝視著

迷惑牠的少女，

如此甘悅於牠的刑罰

痴狂地墜入她的懷抱，

而後被出賣，喪生。

他們也以同樣的方式殺了我，

是的，我的愛與我的心上人：

他們奪走我的心，我再也無法取回。

試圖在真實動物世界裡替獨角獸找到定位的眾多嘗試中，最值得

本圖中，獨角獸和三種真實的動物畫在一起：獅子、鹿、馬。這是十三世紀著名的百科全書《萬物本質書》的彩繪稿本，作者為英國人巴托羅繆。本手稿為拉丁文原著的十五世紀法文譯本。香堤伊，宮德博物館，手稿編號 339，第 1271 頁。

注意的是偉大的神學家大愛伯特，他的《動物論》是中世紀關於動物研究最傑出的著述。他將之描述為只有一支角的動物，單角的魚只有可能是獨角鯨，還有就是生活在深山或沙漠裡的犀牛。但是大愛伯特的看法與神話吻合。據他所言，犀牛「喜愛年少的處女，一看到她，就靠近她，在她身旁睡著」。獨角獸也成功地吸引了神學家。

中世紀的獨角獸不僅滋養了中世紀基督徒的意象天地，還能為他們帶來相當的益處。如同中世紀多數的奇觀，獨角獸遊走於幻想世界和真實世界之間。由於深信牠的存在，中世紀的人在現存動物中尋找牠，相信可以將其認定為獨角鯨或犀牛之中的一種動物。顯然，認定的因素是這兩種動物都只有一支角。但是，獨角鯨的角只是物質的；犀牛的角則具有象徵意義，因為在中世紀的寓言世界裡，犀牛是基督的化身之一。

但獨角獸的角到底有什麼用途呢？這是強效的解毒劑，足以化解縈繞中世紀男女心頭的危險；在這個時代，真的是大量使用毒藥。獨角獸的角可以解毒，能夠治療，也能夠預防。所以大家才積極的尋找，特別是大人物，因此它常出現於教堂的寶器室和王公的寶庫裡；但保存到今天的多半是獨角鯨的牙齒。在這些所謂獨角獸的角中，以聖丹尼斯修道院的寶器室（今藏於克旅尼博物館）和威尼斯聖馬可教堂寶器室所保存的角最為著名。

十六世紀，聖丹尼斯的獨角獸的角，被列入國王弗蘭索瓦二世所造的清冊中（一五五九～一五六〇）。清冊中的條文是這麼描述：

一支獨角獸的大角，頂端有孔，飾以黃金，底部由三個黃金的獨角獸頭支撐，角本身僅有十七馬克又一兩半（約四點二

公斤），長度五呎三吋（一百七十公分）。然這不包括頂端裝飾，若加上飾物與另外三個獨角獸頭的裝飾，總重為二十三馬克半（約五點七五公斤），價值一千五百零四盾。

於十六世紀，博丹在《自然的舞臺》中寫道：

我不敢於此斷言，在法國聖丹尼斯展示的角是單角獸或獨角獸的角。不過，它長超過六呎（一百九十四點五公分），中間全空，可以盛納超過一點八六升的液體；它被賦以對抗毒液的神奇功效；一般人稱之為獨角獸的角。

同時要觸摸它才能得到這些功效，但僅有錢有勢者方能取得這些角，平民則可在市場上找到獨角獸角的粉末。需求量固然很大，但供應也源源不絕[1]。

到了十五世紀，獨角獸啟發了最美麗、最著名的藝術品，使這個動物在今天全人類的意象天地裡，保有一席重要的地位。這就是「獨角獸仕女」織毯。經過長期的交涉，布薩克城堡所在地的市政府，才在一八八二年將之讓售予克旅尼博物館。館長莒索穆哈在他一八八三年的目錄中，加了這個尾註：「從業以來最孚聲譽的蒐購，自此也成為克旅尼博物館最聞名的館藏。」這整套六張織毯呈現的是五種知覺。獨角獸出現在寓意觸覺的織毯中，是仕女將手放在牠的角上，而在寓意視覺的一幅裡，仕女手持鏡子，鏡中反映的是獨角獸的形象。但在整套織毯中，獨角獸最主要的角色，還是盛負著紋章。紋章上的題銘則是「只憑我的意願」（193頁）。

這些象徵形象的指涉，當然主要是針對愛情。有人曾將這件藝術品的精神與大神學家熱爾松（一三六三～一四二九）的布道詞相提並論，於此定義出第六種知覺，即是心靈的知覺，或闢出通往上帝道路的心領神會的知覺。這些理念由新柏拉圖派的人文主義者提出，如佛羅倫斯的費奇諾，流傳於十五世紀末的法國。也有人從這些織毯中推衍出婚姻的寓意，因為織毯確定是十五世紀將結束時，由里昂望族勒維斯特的家人訂製，或許是為了婚禮所需。無論如何，織毯的藝術、寓意的思潮及獨角獸的身形，在在都是十五、十六世紀之交，領主階級流行的表達模式。我們在當時其他織毯中還能找到此一主題，特別是展示於紐約迴廊中庭博物館的「獨角獸仕女」織毯（右頁）。因此可以同意茱玻爾的結論：「織毯尤其是屬於這些深受流行現象影響的藝術領域，所以很合理地能在『獨角獸仕女』中，找到當時心靈與藝術的掛念，它配合訂製者要藉由紋章來肯定其權勢的企圖。」

　　如上文所述，獨角獸的流行於十六世紀持續不墜。它結合了對形式美的品味，對真實奇觀的科學研究，以及對解毒效能和性靈德操的追尋。有位藝術家將大部分的創作貢獻給獨角獸，他就是迪韋（194-195 頁），版畫家、金銀工匠和獎牌製造者。他是弗蘭索瓦一世和亨利二世的金銀工匠，在其眾多版畫作品中，有一套《獨角獸歷史》（一五二〇年前後）的特別刻版，因此在當年贏得獨角獸大師的美譽。對獨角獸介於科學與神話間的興趣，似乎持續到十七世紀。因為在大收藏家馬薩林主教一六六一年的寶物清冊中，有這麼一條紀錄，「一支獨角獸的角，高約七呎（二二七公分），覆以西班牙東岸製造、黃金網格的紅色皮套，總重兩馬克（四八九公克）。」

　　獨角獸在十九世紀也分享了中世紀意象天地慣例的重生，尤其是

獨角獸與觸覺。著名的織毯「獨角獸仕女」，於一八
八二年收入克旅尼博物館典藏，展示在六大間陳列
廳，主題是五種知覺象徵的展現。這裡是仕女碰觸獨
角獸的角，以寓意法來呈現觸覺的感知。一四八四至
一五○○年，巴黎，國立中世紀文物克旅尼博物館。

獨角獸大師。版畫家迪韋（一四八五至一五六一）將其絕大部分作品都貢獻予獨角獸，以致在當時就被稱為獨角獸大師。此畫中，獨角獸被真實的動物環繞。牠處於中心位置，在河中央的小島上，而被凸顯出來，河岸則聚集了其他所有的動物，從最小的到最大的。迪韋賦予獨角獸一個自然學家的特色，這是在其他畫像裡所沒有的，即使中世紀的動物寓言裡也沒有。因為迪韋，十六世紀成了獨角獸的鼎盛時期。巴黎，國家圖書館。

牠出現在象徵派的畫作裡，啟發了莫侯、勃克林、戴維斯等人真正的
傑作。若說獨角獸能深植於西方的意象天地，要歸功於中世紀，牠的
聲譽無疑是來自其形體的優雅及豐富的象徵潛能。因此在祕義教派、
煉金術、猶太教和東方傳統中都能看見它。獨角獸在西方似乎主要是
成為徽飾而流傳下來。牠是店面的招牌、《丁丁歷險記》漫畫系列中
一艘船的名字，還是亞眠市足球隊的隊徽。不過，比起中世紀其他的
奇觀，獨角獸必定更期待嶄新的重生。

　　一九九三年，丹麥大雕塑家羅瑤創作了兩個美麗的獨角獸角的雕
塑。他宣稱對獨角獸的興趣，乃因其是「大自然普世奧祕的卓絕隱
喻」。他提出的靈感泉源來自於煉金術士的論述，「關於深沉認知的
本質」。所以，不是只有中世紀的基督徒才擁有歐洲意象天地的專利
權。

獨角獸在象徵主義時期獲得一回驚人的重生。追隨勃克林的腳本，美國畫家戴維斯於一九〇六年前後，在一片夢境的背景中，畫下三隻獨角獸，在兩位女士身旁，其中一位則令人想起處女的主題。這已相當接近超現實主義；誠然，獨角獸應該能於此尋獲更光耀的地位。紐約，大都會美術館。

現代創作的一座獨角獸的角。丹麥當代雕塑家羅瑙深為獨角獸所吸引，在他二〇〇四年七月五日寫的信裡，聲稱他在「獨一的角」中，見到大自然普世奧祕的卓絕隱喻，並將其意涵與煉金術士的概念相聯繫。他雕塑了兩個巨大的獨角獸角，安放於自家庭院中，並將之賦予既是美學、又是玄祕的意義。特蘭肯茵特，自然與藝術中心（www.Ronnau.dk）。

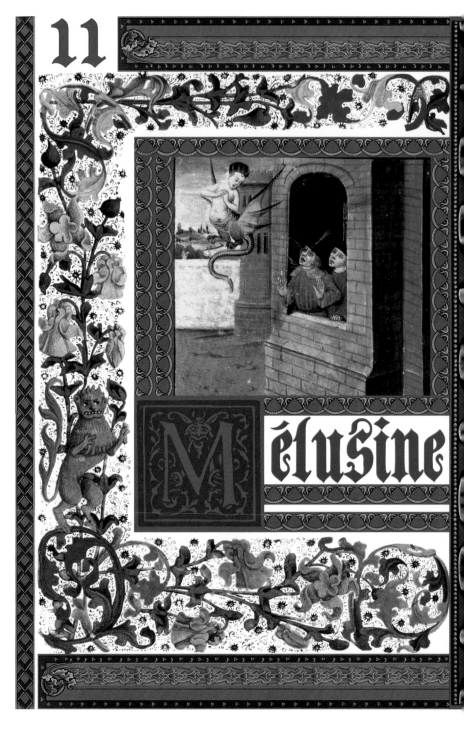

11

Mélusine

梅綠芯

梅綠芯一現身，本書就誕生了一位神奇女英雄。

想像的世界似乎總反映著塵俗的世界，根據杜比的看法，這該是一個主要為「男性中世紀」的世界。然而在此，女人，至少某些女人，不僅享有社會聲望、支配重要的權力（即使大多時候是透過一對配偶的形式），中世紀的女人於中世紀的意象天地也非常地活躍。而且不能忘記，在中世紀歐洲，基督教安置了一位最有力的女性形象，亦即聖母瑪麗亞。

梅綠芯則是屬於另一組有趣的中世紀女性，就是仙女。從中世紀早期的文獻可看出，對中世紀的男女而言，仙女（foe）是古希臘羅馬命運女神的後裔，她們在晚期拉丁文的名字（fatae）指出了她們與命運（fatum）的關聯。這些仙女漸漸被納入基督教的意象天地，其中又區分為好仙女和壞仙女。雖然中世紀的仙女主要是對人行善或作惡，但她們在社會中的活動還是要透過一對配偶的形式來進行。尤其是梅綠芯，在中世紀與氏族的觀念及其演變緊密相連。但這類仙女多半非常複雜，特別是梅綠芯，這更印證了中世紀女人和配偶間相互對應、甚至矛盾的形象。同樣的女人，同樣的配偶，同時是善與惡的英雄，故事的主角出奇地美麗，但也出奇地可怕。沒有其他女英雄比梅綠芯更能闡釋這個信念，沒有任何人是完全的好，或絕對的壞。

十二世紀和十三世紀初，梅綠芯的角色先是出現在拉丁文作品中，然後又現身在中世紀的方言文學裡。從十三世紀初到十四世紀末，這位女仙子逐漸傾向採用梅綠芯一名，這個名字把她與法國西部的領主望族呂濟尼昂家族相連結。在教士馬普批評英王亨利二世宮廷的作品《宮廷瑣聞》中，敘述一個年輕領主大牙齒亨諾的故事。他在諾曼第的森林裡，遇到一位穿著王室服裝的絕美少女，少女正不停地哭泣。她告訴亨諾，她剛逃過一場船難；原來她是要搭船嫁給法國國

梅綠芯的飛翔。梅綠芯化作有翼的蛇,飛翔在家族
城堡之上,她丈夫和一名僕役則看得目瞪口呆。顧
德列特《梅綠芯小説》的插畫,一四〇一年;巴
黎,國家圖書館,手稿編號 fr. 383,第 30 頁。

王。亨諾和美麗的陌生女子一見鍾情，兩人結婚後生下一個非常漂亮的孩子。不過，亨諾的母親卻發現，年輕女人表面看來很虔誠，但總避開彌撒的開始和結尾，不被施灑聖水，也不領聖體。懷疑之餘，便在媳婦房間的牆上挖一個洞，偷看到她正在洗澡，發現她竟有龍的身軀，洗完才恢復人形。當母親告知亨諾此事，他便把妻子帶去見一位神父。神父朝她潑灑聖水，她竟跳了起來，衝破屋頂，大聲慘叫著消失在空中。在馬普著書的時代，亨諾、他的龍妻和眾多後裔仍活在世上。

十三世紀初，另一部聞名的作品《帝王休閒》中，英國教士堤博利的哲威，敘述了雷蒙的故事。雷蒙是法國盧塞城堡的領主，他在普羅旺斯艾克斯城附近的一條河邊，遇見一位衣著華麗的美麗仕女。她呼喊雷蒙的名字，最後還答應嫁給他，只不過有個條件，她要求雷蒙不能看她的裸體，不然就會失去她帶來的所有財富。夫妻婚後恩愛幸福，雷蒙變成富豪，身體特別健康，有許多漂亮的小孩。不過雷蒙還是好奇，有天當妻子在自己房裡的簾後洗澡時，他拉開簾子，美麗的妻子立刻變成一條蛇，從此消失在浴桶的水裡。只有孩子的保母們，偶爾會在晚上聽到隱形的她回來探望年幼的兒女。當後人傳述這個故事時，如肖像畫的佐證，通常都呈現梅綠芯變成有翅的龍從窗戶或屋頂逃走，並在夜裡悄悄回來探視她的孩子。

基本上這是一則逾越禁忌的故事。有人以為最古老的超自然傳說裡，女主角在某種條件下嫁給凡人，而在協定被破壞的那天，就此消失無蹤，這應該是印歐神話裡的水妖吳爾娃琪。

但是，在一個建構於忠誠的封建社會中，令人尤其在意的背叛象徵之外，我認為故事最具意義的特色，在於揭露這個半是動物的女

母性的梅綠芯。在同一張插畫中,梅綠芯仍是有翼
的蛇,但在家族城堡的內部,她和凡人夫婿躺在他
們生兒育女的床上。出現在同一幅畫中,她手裡抱
著襁褓中的嬰孩,另一個小孩則安睡在搖籃裡。顧
德列特《梅綠芯小說》的插畫,一四〇一年;巴
黎,國家圖書館,手稿編號 fr. 383,第 30 頁。

人，雖然成為人妻人母，仍具有原始與基本的魔鬼性格，而這正是龍和蛇的意涵。尤其是梅綠芯的神話，對於在封建社會中的成功，提供了一種相當曖昧的解釋。梅綠芯帶給她凡人夫婿的是繁榮與財富，如同西方在十二、十三世紀所體驗的：森林的開墾，尤其還有城堡、都市、橋梁的建造。在此同時，梅綠芯為特異的生育者，又代表了這個時代人口的大幅增長。勒華拉杜利和我將其稱為「母性與墾殖」的梅綠芯。她是封建制度的仙女，形象似乎特別正面，善良、勤奮和多產，但終究是個不幸的女人，因為背叛而導致不幸。不過，中世紀的人還是很在意其魔鬼的身世，把她視為永不得救贖的夏娃。

一個偉大的封建王室，在十二世紀由安茹伯爵成為英國國王的金雀花家族，在中世紀人的眼裡，正是梅綠芯氏族的化身，既有權勢，亦有魔鬼的根源，並且內部永遠都有紛爭，國王與王后間、國王與王子間，總是衝突不斷。根據十三世紀初德巴利的說法，對那些驚訝於鬩牆之爭的人，英王獅心理查竟然回答：「你們如何能要我們不這麼做？難道我們不是『女魔』的子孫？」

梅綠芯故事的結構在十四世紀就已定型，故事將傳奇的歷程分為三個階段：一位仙女嫁給凡人，但強制他遵守一項禁忌；當丈夫一直遵守承諾，夫婦便一直享有光耀的富裕繁華；協定遭到破壞之時，仙女就消失了，隨她而逝的則是其嫁妝所帶來的富裕繁華。

根據哈芙蘭克洒的分類，梅綠芯是帶來幸福的愛戀仙女的原型。相反地，摩根則是厄運仙女的原型，是將她凡間的情人、夫婿帶入另一個世界的仙女。但我們已經提過，梅綠芯式的幸福無法完全脫離原初的惡，而梅綠芯又相當接近一個混雜的本質，既是人類，又是魔鬼般的動物。

梅綠芯的飛翔。城堡居民驚訝地看著梅綠芯變成龍
在空中飛翔。《梅綠芯小說》的插畫;巴黎,國家
圖書館,手稿編號 fr. 12575,第 86 頁。

十四世紀末，在特殊的時空境遇下，構成我們女主角的故事產生一大轉折。有兩部小說以她為主題，一是作家達哈斯為尚倍禮公爵和他姊妹巴爾女公爵瑪麗所作的散文小說，一是書商顧德列特所作的韻文小說。

　　小說的出發點在於逾越禁忌和惡行。梅綠芯的母親蒲列芯，在森林裡遇到正在打獵的阿爾巴尼亞（此處是指蘇格蘭）國王埃里亞斯。她要未來的夫婿發誓，不能看她分娩。但埃里亞斯卻違背誓言，蒲列芯生下三個女兒之後就消失了，帶著女兒梅綠芯、梅莉歐、巴勒斯汀，隨她幽居亞瓦崙島（此處可見和亞瑟神話的混合）。女兒十五歲時，得知父親的背叛，為了處罰父親，她們把他關在一座山裡。但因她們無權對父親做這樣的懲處，接著自己也受到處罰。梅綠芯的懲罰是每個星期六變成蛇；如果她嫁給凡人，也將變成會死的凡人，而且丈夫若看見她變成蛇的模樣，她將再回到痛苦煎熬之中。梅綠芯在水泉處遇到弗瑞茲伯爵的兒子雷蒙丹。他剛在狩獵野豬時，殺死了叔父普瓦捷伯爵。梅綠芯允諾，如果他們結婚，她能讓雷蒙丹擺脫這樁意外的罪行，並給他帶來幸福、財富和眾多子嗣。但他必須發誓，永遠不能在星期六見她。嫁給雷蒙丹之後，梅綠芯便著手開墾，建築了許多城池和防禦城堡，第一個就是呂濟尼昂城堡。他們生了十個小孩，都成為有權勢的國王，但每個人身上都有缺陷、特殊印記或動物的標誌等等。顧德列特特別留心第六個兒子，大牙的傑歐弗瓦，是勇敢和殘酷的混合，尤其是他曾燒燬普瓦圖省的馬耶翟修道院，也燒死僧侶。

　　然而真實歷史上，呂濟尼昂的領主，在十字軍東征的背景下成為塞浦路斯的國王，甚至在安納托利亞（即土耳其中部）的土地上打造

梅綠芯的飛翔。在這張十六世紀的手稿上，我們又
看到梅綠芯的飛翔，依舊化為有翼的蛇。巴塞爾，
公立圖書館，手稿編號 0.1.18。

出一片王國，即是小亞美尼亞。後來呂濟尼昂的雷翁國王被穆斯林打敗，並失去了王國，於是逃回西方，試圖召集基督徒的國王和公侯結盟，幫助他收復亞美尼亞王國。直到一三九三年在巴黎過世，都未能達成心願。但是他試圖促成亞美尼亞十字軍的行動，卻被納入當時基督教的一股更大熱潮中，即組織一次整體的十字軍對抗穆斯林。但這個嘗試在一三九六年，導致尼科波利斯戰役的大敗，基督徒十字軍於現今的保加利亞被土耳其人擊潰、殲滅。

這種十字軍的氛圍籠罩著達哈斯和顧德列特小說的精神。十字軍的這片天際，又啟發了一段內容極其鋪陳的新情節，女主角換成梅綠芯的妹妹巴勒斯汀。由於她對父親的處置，巴勒斯汀受到的懲罰是和她的寶藏一起關在庇里牛斯山的卡尼古峰。直到有一天，呂濟尼昂氏族的某位騎士前來解救她，接收寶藏，並用以收復聖地。這就是在顧德列特的小說中，大牙的傑歐弗瓦長期致力去做的事。

與此同時，日耳曼文學與意象天地中，也發展出一個附屬於梅綠芯的男性人物，就是天鵝騎士。這個來自水中的超自然人物，娶了一位凡間女子，且要她發誓遵守一則禁忌；當她破壞協定，騎士將一去不回。這是日後華格納創造出非常轟動的角色羅恩格林的原型。之後我們在〈瓦爾姬麗〉（女武神）一章，會重新看到基督教意象天地和日耳曼意象天地的交會，亦即華格納在其重生與融和中所扮演的角色。

梅綠芯廣泛風行於全歐洲，導因於一四五六年顧德列特的小說被伯恩的一位高級公務員德林郭廷根譯成德文。且歸功於印刷術（我們知道共有十一個搖籃本，其中有七個保存下來）和書籍的兜售推銷，這個德文譯本立刻大受歡迎。兜售的「梅綠芯故事」小冊，從十五世

梅綠芯的變形與飛翔。十七世紀時,達哈斯和顧德
列特的小說不斷再版,也持續重現故事的基本主
題。本圖是一六九二年發行之特洛瓦版本的扉頁。
在左半頁,梅綠芯沐浴時化為一條有翼的蛇;在右
半頁,她飛翔於城堡上方。畫中清楚顯示她的丈夫
嚴重地違背盟約:他從鑰匙孔看到妻子在浴盆中的
變形。

紀末到十七世紀初，在奧格斯堡、史特拉斯堡、海德堡、法蘭克福多次印刷。尤有甚者，在十六、十七、十八世紀出現了更多的翻譯版本。一六一三年在哥本哈根出版的丹麥文譯本，風靡一時；還有數個冰島文譯本。波蘭文譯本完成於十六世紀；捷克文譯本則在十六世紀末出現於布拉格，並且再版了五次。十七世紀還出現了兩個彼此無關的俄文譯本。梅綠芯的故事在斯拉夫國家非常轟動，它被改寫成數個劇本，在民間傳說和民俗藝術中流傳。根據勒谷特的說法，「在中歐，梅綠芯轉化為風的精靈。」

在日耳曼文化的領域裡，梅綠芯的傳奇於一五五六年被著名的作家、民俗藝術家薩克斯改編為劇本，是一齣有二十五個角色的七幕大戲。

然而，梅綠芯神話在西方世界裡現實的植根，卻消失於十六世紀。呂濟尼昂的城堡在宗教戰爭期間做為其領主抵抗王權的大本營，終於在一五七五年被法王亨利三世夷為平地；而當時逃過一劫的梅綠芯塔，到了一六二二年還是難逃被鏟平的命運。但它仍靠著傳說及十五世紀《倍禮公爵的盛世》一書中美輪美奐的插畫，流傳至後世。

梅綠芯同樣也獲益於浪漫時期的中世紀復興。她最卓越的表現，與其說是蒂克於一八二〇年改編的劇本，不如說是阿爾尼姆傾注熱情所改編的劇本殘篇，但因他在一八三一年過世，並未完成該劇本。

十九和二十世紀，梅綠芯傳奇因為她接近一位廣受歡迎的水仙子恩淳而得利。在拉莫特孚凱的《瀚淳》（一八一一）之外，於二十世紀初又加上季荷杜的戲，兩者都深受日耳曼傳奇的魅力啟發。恩淳與梅綠芯的關聯之處，即是水的神話。不過，梅綠芯是一個環宇的女英雄，與大自然的聯繫更為廣泛。她既是水的女英雄，也是森林的女英

現代的梅綠芯。這個後浪漫派的梅綠芯比較寫實，
但卻披頭散髮；她出現於一九〇〇年前後，彭布磊
為米敘列《法國史》的插圖所作的彩色版畫。在共
和國歷史中，這個神話如故有傳奇般維持不墜。私
人收藏。

雄，且藉著龍翼和夜間飛行，還是一個天庭的仙女。在近代與當代，從納維爾到波特萊爾、布賀東，一道詩脈不停地回應中世紀「仙女的呼喚」。既是母親 —— 又是情人的梅綠芯，縈繞著布賀東的詩集《祕義十七》[1]。

最接近我們的時代，則賦予梅綠芯一個全新的形象。她成為「女性存在的典範」，丹麥的女性研究社，甚至還以梅綠芯作為標飾。

在來到女性主義的轉型之前，由於梅綠芯的兩項特質，使得她在源自中世紀的歐洲意象天地中占有重要地位。一方面，她在凡人與超自然個體的關係核心中，結合了正面與負面的形象。為善的仙女替人類帶來財富、子嗣、幸福，但梅綠芯又把自己惡魔化。十六世紀時，著名的煉金士帕拉切爾蘇斯替後世留下了梅綠芯這個惡魔化的形象，「因為她的罪愆，梅綠芯是王室絕望的女兒。撒旦將她擄走，把她化為幽靈。」第二個特質則是，梅綠芯才是配偶中的基本元素，她透過情人或夫婿來呈現自我。她完美地成就了仙女和騎士的一對佳偶，既有其成功、亦有其失敗之處。這位封建制度的仙女遺留給歐洲意象天地的，是封建社會中成功與失敗的意義，還有在長程歷史裡西方社會的危機。她對這個社會揭露了昨日的騎士、今日的資本家，雖然替社會帶來聲望和成就，但仍然和魔鬼有著瓜葛糾結[2]。

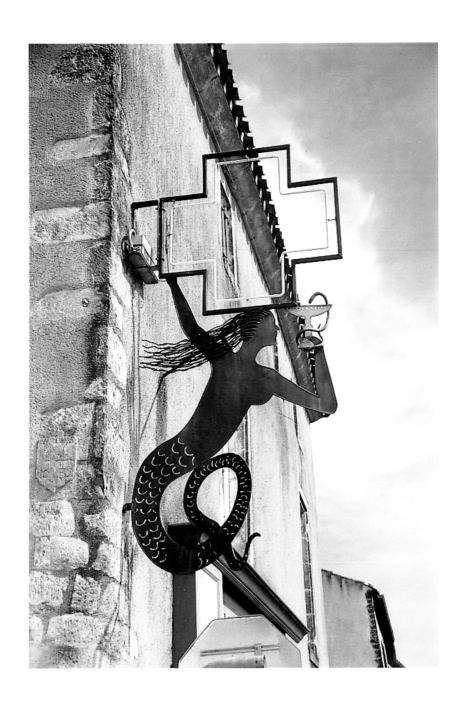

梅綠芯,二十世紀的商店招牌。這個披頭散髮的蛇
形梅綠芯,被塢翁的一間藥房當作招牌;在旺代地
區的小樹林間,還有一座十二世紀末的塔樓,名叫
「梅綠芯塔」。

12

Merlin

梅林

如果亞瑟是能追溯出歷史根源的人物，
那麼梅林則是文學的產物。

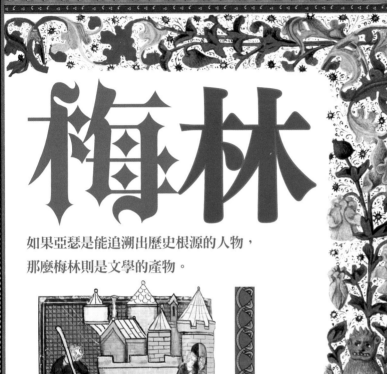

梅林的風行，正來自於他一開始就和亞瑟息息相關。在中世紀和西方的意象天地，他始終與神奇的國王、圓桌武士緊密相連，更廣泛來說，是聯繫於整個騎士制度的英雄與奇觀世界。

梅林主要是蒙茅斯的傑佛利所創造。他在一一三四年先寫下一部《梅林預言》，接著在《不列顛君王史》（一一三八）中將之呈現於亞瑟身旁，最後終於寫下了《梅林生平》（一一四八）一書。中世紀期間，梅林即與一個名叫盎博羅修的人物相提並論；在八到九世紀的《不列顛人歷史》中，盎博羅修是一個沒有生父的先知，他宣告了不列顛人的未來。另一方面，某個以口述方式表達的威爾斯民俗傳統，在威爾斯詩人米爾丁身上已替梅林的雛形注入生命。

至於梅林這個人物的風行，有三項要素賦予其意義和根基。首先是他的身世，他不再是個無父的小孩。在基督教的視野中，他很快就成為一個凡間女子和夢孕惡魔生下的兒子。這可疑的父子關係賦予他特異功能，但也伴隨著一個魔鬼根源的性質。他就是這類在善與惡、上帝與撒旦間分歧的英雄。他的第二個特性即是身為先知，而這預言的天賦，則用來為亞瑟王和不列顛人效力。但在大不列顛的歷史中，不列顛人的優勢先後被盎格魯撒克遜人及盎格魯諾曼人所取代；後者嘗試將英國諸島各種族的遺產整合收歸己有，梅林於是成為英國國族主義的先驅。最後，梅林可能是圓桌制度真正的構思者，雖托名為亞瑟發明，但仍藉由梅林將騎士的美德傳授給國王和他騎士中的菁英。

十三世紀時，隨著梅林被納入亞瑟的散文小說系列，展開了文學上嶄新而重要的一頁。這個角色先後在德波隆的《梅林》與《大眾版梅林》中演進，先知梅林與塞爾特及異教的巫術仍緊密相連。例如索爾茲伯里附近圓形石柱群的巨石，傳說就是他從愛爾蘭搬過來的；而

梅林的誕生。梅林是一位公主的兒子，是夢孕惡魔
讓她在睡眠中懷胎。一群令人感受到喧囂的魔鬼在
場景中舞蹈，這場面顯示出魔鬼施加在凡人身上性
欲和惡意的主宰力量。畫面明白指出梅林半是魔鬼
的性格。德波隆的《梅林歷史》，十三世紀；巴
黎，國家圖書館，手稿編號 fr. 95，第 113 頁。

他呈現的英雄身形，是在瘋狂之際會發出來自另一個世界的笑聲。

　　十三世紀的梅林，主要是魔法師和解夢者，例如他在亞瑟位於洛格爾的王國散布奇蹟。此外，也愈來愈投入集體對聖杯的追尋。《聖杯之書》約完成於一二三〇至一二四〇年，若借隼陀之言，作者自己對本書的定義，是「亞瑟意象的核心，定然該說是在一二五〇年世人的意象天地的核心」。而根據包嘉特洒的說法，這其實是另一個神杯，不是聖杯，卻是魔鬼之杯。它是「魔鬼般的欲望，驅使人去了解、去強求上帝的祕密、去改變命運」。但知識終究不可得，而「梅林在危險遍布的森林中，永無止境地痛苦等死，因為他將祕密傳授給人們，並將上帝借讓給他、俾以掌握大局的權力，交給湖心之女」。所以梅林是替自己招致厄運的先知化身，也是基督教意識形態中預言所詛咒的英雄。然而，他先前以心中善惡之爭展現的兩難，從此改換形態，成為其力量與弱點的衝突。於是，他落入將他催眠的仙女掌握，這位仙女倪婗豔後來變成湖心之女魏薇安。魏薇安把他永遠囚禁在洞窟中，或是在天空、或是在海底的一個監牢裡。梅林也是一位聯繫於空間、森林、大氣或水的英雄。聯繫於森林，因為他自由之時喜好居住其間；聯繫於水，則是他在此度過永恆囚禁的餘生。不列塔尼的布洛塞里安德森林，中世紀時被視為梅林最喜愛居住之處，據考證就是現今法國伊磊維廉省的斑蓬森林。梅林同樣也是地點的標示者。

　　雖為魔法師，梅林並沒有拋棄預言世界，他是眾多動搖十三和十四世紀西方預言的作者。尤其在義大利，他幫助蓋爾法派（即教宗派）對抗紀博林納派（即皇帝派）；而在威尼斯，他的形象則受到約阿基姆門徒千禧年概念的影響。

　　英雄梅林在後世的神話中，除了預言的天賦與法術技能外，較不

梅林詮解預兆。僭位的國王維堤傑令手下將梅林帶來，要他詮釋二龍爭鬥的意義。其中一條龍用口中噴出的火焰殺死另一條龍，這是正統戰勝僭位的象徵。十四世紀；巴黎，國家圖書館，手稿編號 fr. 105，第 139 頁。

梅林與亞瑟的傳奇。梅林化
裝成鄉下人，手持鄉下人用
的粗木棍，把牲畜帶往亞瑟
的都城卡美若。十四世紀；
巴黎，國家圖書館，手稿編
號 fr. 105，第 212 頁。

強調其愛情或是情侶的形象，但這才是深深震懾中世紀男女老幼的面向。最初的版本是梅林愛上了倪婭黽，她是住在布里歐斯克森林中一位城堡領主的女兒，教母是女神戴安娜。倪婭黽迷惑了巫師，取得他所有的祕密。因此當梅林向她求愛時，她能使之昏睡，最後還把他關在布洛塞里安德森林中的一座城堡裡。梅林在愛人身旁終了餘生，囚禁在一道空氣和樹葉交織的城牆內。根據哈芙蘭克酒的說法，倪婭黽是魏薇安的前身，是「摩爾根」式的仙女，也就是說她將情人帶入另一個世界。在第二個版本中，梅林和魏薇安的愛情故事則更加灰澀。魏薇安明顯是戴安娜（根據上下文與故事的情節，譯者認為此處戴安娜可能是作者誤植，應為倪婭黽）的轉世，她讓梅林睡著後，把他放到一個墓穴中，將墓門的插鞘永遠關上。十三世紀男女對配偶與愛情的省思中，梅林的形象是個悲觀的視界。雖然在幾近喜劇的邊緣，梅林成為被女人欺騙的智者兄弟會的一員，但其愛情則如哈芙蘭克酒所說，被視作「致命的熱情，它可怕的結局則有懲罰的價值」。

到了十六世紀，梅林的預言已徹底喪失其信譽。拉伯雷還是將他塑寫為替國王賈宮塔效力的先知。特利騰大公會議譴責梅林的預言；它們雖然繼續在英國流傳，卻已在歐陸消失。一五八〇年後，梅林預言的引述幾乎在歐陸文學中絕跡。

浪漫主義又尋回梅林。殷默曼於一八三二年為他寫了一齣戲劇《梅林神話》，歌德推崇為「另一個浮士德」。最出人意表的作品則是基內的《巫師梅林》（一八六〇）。這部奇特的作品，結合基內對傳奇的嗜好、他的愛國主義和反教權主義，偶爾會令人想起他的好友米敘列。基內將梅林視為「法國第一位保護神」及法蘭西精神的體現。梅林於此被宣揚的是他最深沉的本質，既是天庭，又是地獄，還

梅林與魏薇安。浪漫主義和象徵主義尤其強調，梅林和仙女魏薇安致命的愛情故事，她使梅林永遠沉睡。伯恩瓊斯，《梅林與魏薇安》，一八七〇年；利物浦的陽光港，列維夫人畫廊。

有超乎凡人的喜悅與幾近絕望的憂鬱。他選擇塞納河上一個小島的村莊，做為展現奇蹟之地，將之變為巴黎。他從羅馬回來後，已不認得進入一個歷史新紀元的法國，即文藝復興。如隼陀所說，梅林於是和魏薇安一同「入墓」，而「他僅存的能力，只有在永恆的睡眠中布滿夢境」。的確，浪漫主義的梅林是一個遭天譴、遠離了中世紀的梅林。

更驚人的是，梅林在回歸上古塞爾特的文化中重生。這個重生的要角是著名的憲章派詩人赫沙德拉維馬克。他於一八三九年出版《不列塔尼詩選》，這本不列塔尼古老民歌的輯錄，曾引發激烈論戰。作者在副標題裡清楚指出，不列塔尼復興與中世紀意象天地的關聯，「古不列塔尼民間故事，及一篇關於圓桌武士史詩起源之論文」。米榭‧贊克在《不列塔尼詩選》中找出四篇以梅林為主題的詩作：一、〈搖籃裡的梅林〉，二、〈神卜梅林〉，三、〈詩人梅林〉，四、〈梅林的皈依〉。為完成他對梅林的研究與省思，赫沙德拉維馬克於一八六二年出版了《米爾丁或巫師梅林：其生平、作品及影響》，該著作描繪出梅林在浪漫派塞爾特主義中新生的最高峰。

從一八六〇年後，梅林在文學中稍有消褪，即便仍出現於丁尼生的詩篇裡。二十世紀前半期，梅林再度甦醒，先有阿波里耐所作但鮮為人知的《腐敗中的巫師》和考克多的《圓桌武士》。在一九四一年五月，胡迪業的《巫師梅林》在巴黎歐德翁劇院上演。梅林如同許多中世紀的英雄與奇觀，在電影和兒童的天地中尋得新生。如果說白髯巫師在圓桌武士的影片中占有一席之地，魔法師則替迪士尼為青少年製作的卡通提供了它最成功的角色之一。

隼陀認為「梅林的傳奇正在逝滅」，且梅林正從西方的意象天地中消失。不過，他在這個歷史中變形、復活、再現得如此頻繁，誰敢真正向這位先知巫師說永別呢？

電影中的魔法師梅林。梅林是萊瑟曼於一九六三年
替迪士尼拍攝的卡通主角,魔法師教育小名叫做
「蚊子」的少年,並保護他免於巫婆的攻擊。梅林
對他預言未來,並在地球儀上指出未來的美洲。梅
林也向「蚊子」揭露,他命定將成為亞瑟王。

梅林　223

13

La Mesnie Hellequin

海勒甘家從

海勒甘家從這一群奇觀英雄，
帶領我們進入死者與天庭的世界。

透過海勒甘家從，我們進入封建制度的世界，因為他們一方面是封建家族的形象，另一方面則是一隊獵人或戰士的形象。由此凸顯兩個特性：一是領袖與家從成員榮辱與共，二是團隊的狂暴，從海勒甘家從的德文名字：狂飆的軍隊（wütende Heer）、狂暴的奔逐（wilde Jagd）等，即可證明。海勒甘家從引進中世紀與西方的意象天地裡，呈現的是哀嘆、喧嚷、脫韁的遊魂，是動盪而逼人的冥界形象。

海勒甘一名的來源不可考，字源學的研究並無可靠的結論，而在十三世紀曾用「凱勒甘」來取代海勒甘，因沒有確實的意義，其解釋同樣不足取[1]。這個中世紀意象天地的奇異英雄的另一個特徵，後文將會提到，就是十六、十七世紀時，徹底將其地位讓給一個全然不同的人物，雅樂甘。

海勒甘家從出現在十二世紀初奧德里克（一〇七五～一一四二）以拉丁文寫成的《教會歷史》中。這位盎格魯諾曼僧侶住在聖艾孚陸修道院，歸屬諾曼第的黎季額主教教區。奧德里克陳述的故事框架為一〇九一年，是位年輕神父瓦西嵐訴說的親身經歷。在一〇九一年一月一日夜裡，瓦西嵐探訪堂區一位病人之後，回程中，他忽然聽到「一支大軍」的喧嘩之聲。他戰戰兢兢地藏身樹下，看見一個佩戴粗木棍的巨人，喝令他留在原地，觀看一波又一波的大軍閱兵。第一組人馬是「一大隊行人，帶著負重的牲畜，馱著衣物和各式器皿，就像一群強盜帶著戰利品」。他們一邊呻吟、一邊加快腳步，而神父還認出其中有幾位是剛過世的鄰居。第二組人馬是一群掘墓人，他們扛著擔架，上面是有著巨頭的侏儒；兩個黑色的衣索比亞魔鬼，和第三個魔鬼共同抬著一個人，同時還折磨他，讓他痛得大叫。瓦西嵐認出他

自中世紀到文藝復興時期的海勒甘家從。海勒甘家
從（或是其日耳曼對應，狂飆軍隊）原是一隊在黑
夜行空的戰士，在巫術盛行的十五、十六世紀，成
為一隊赤裸的巫婆，追隨衣冠華麗的撒旦，騎著飛
捲到天上的惡魔動物，野豬、公牛、山羊、蛇。老
克拉納赫，《憂鬱》（局部），一五三二年；科爾
瑪，安特林登博物館。

就是謀殺艾堤安神父的人，還未贖罪就先死了。接著是一大群騎馬的女人，側坐在裝有炙熱鐵釘的馬鞍上，她們被風颳起，隨之又墜落於釘子上，連乳房也被燒紅的釘子刺穿。瓦西嵐在她們之中，認出好幾位生前奢靡淫亂的貴婦人。接著是一支「教士和僧侶的大軍，由手持權杖的主教和修院院長帶領，衣著漆黑」。他們請求瓦西嵐替其祈禱。吃驚的神父認出了幾位卓越的高階教士，原以為他們都是德操盈身之人。接下來的隊伍最可怕，所以描述最長、最仔細。這是一團騎兵，全身黑，口噴火焰，騎在巨大的馬上奔馳，高擎黑色軍旗。神父也認出了其中數人。

瓦西嵐試圖攔下一名騎士，除了想要了解更多之外，還想替他的奇遇留下見證。第一個騎士閃過，並在他咽喉上留下一道印記；而第二個騎士竟是瓦西嵐的親兄弟。他透露，儘管他們都有罪，但他和他們的父親還是可以免除永恆的地獄。只要瓦西嵐能為他禱告、做彌撒、布施，就能脫離死亡大軍。另外，瓦西嵐自己也要更加虔誠，因為他大限之期不遠矣。事實上，神父還活了十五年，因此奧德里克才得以收集他的見證。

這段敘述的目的，在於提供布道家一則啟迪人心的故事，清楚顯示了海勒甘家從這個奇觀隊伍的功能。首先，它是對封建社會的批評，如許密特所說，它是「封建軍隊的地獄版本」。另一方面，它呈現出一個特別駭人的形象，為了要喚起眾人克服他們的罪愆，以避免地獄的酷刑。如奧德里克之言，這段靈見呈現出上帝將罪人施以「煉獄之火的各式滌淨」，這段文字展現出十二世紀初的人，需要將冥界的地理重新融入宗教活動中，在可能的範圍內，令他們得以避免地獄裡永恆的煎熬。或許，在十二世紀末教會正統的信仰中，地獄出現了

第三個領域，俾使第二級的罪人能較快贖罪的煉獄，正是此文本揭露之心態的回應。在遇到他兄弟之前，瓦西嵐試著要挽留的死者，難道不是個放高利貸的人，也就是從十三世紀起，煉獄提供赦罪的最大受益者之一？在這種情況下，我們更能了解，何以在十三世紀後，海勒甘家從幾乎完全消失 [2]。

　　奧德里克的文字清楚呈現，海勒甘家從的主題如何提供一個表達社會批評的絕佳方式。如許密特所指出，它更適合於「政治用途」。英國教士馬普即是一例，在其抨擊小冊《宮廷瑣聞》中，他辛辣地批評英王亨利二世的宮廷。他把亨利二世不斷遷徙宮廷一事，比作海勒甘家從的漂流。還試著詮解「海勒甘」這個令人不知所措的名稱，以及其家從的由來，顯然要上溯到塞爾特人分布於大不列顛的時代。這個名字可能來自遠古的不列顛國王「海拉」，他和「一吷人」的國王訂下盟約，也就是侏儒的國王、死者的國王。侏儒國王現身於海拉和法蘭克公主的婚禮上，送給主人無數厚禮。一年後，輪到海拉前往一座洞窟，他在其中發現了富麗堂皇的宮殿，侏儒國王正在舉行婚禮；離去時，又讓海拉帶走符合封建國王身分的禮物，寶馬、名犬、獵鷹等等。侏儒國王還送給他一隻小狗，「血腥之犬」，也就是英文中的獒犬（bloodhound）。他必須將狗抱在馬上，並小心地在狗落地前不能下馬，否則將會化為塵土。當海拉出來後，才知道從他出發迄今，已經過了兩個世紀，而他還以為只離開了三天。薩克遜人已取代不列顛人，成為國家的主宰。由於那隻小狗從不跳到地上，因此海拉被迫帶著他的軍隊永遠地流浪。海拉的歷史是一則關於塵世時間與冥界時間長度不同的故事，而它更是十二世紀的英國歷史中，天庭幻想的植根處。海勒甘家從是遊魂的神話，漂流在一個還沒有專屬於他們的

「煉獄」世界上。

後來，海勒甘大軍再度出現在熙篤會僧侶德華得蒙的自傳中，他於一二三〇年在博韋主教教區過世。自傳中他提到一位教士，在夜裡看到一個剛去世的同伴現身眼前，他於是問他是否已成為海勒甘大軍的一員。死者否認，並告訴他大軍的流浪在不久前已經結束，因為他們的懲罰已告完竟。最後，他還說民間對海勒甘的稱呼是錯的，因其國王真正的名字是卡勒甘，是日耳曼皇帝查理五世的稱號，他長久以來都在贖罪，是靠聖丹尼斯為之說項，最近才得以獲釋。這段文字的意義，是藉之推估海勒甘家從自中世紀意象天地中淡化的時代，可能是與煉獄的傳播有關。大家對卡勒甘一名所能指涉的國王多有討論，有人假設這是在十三世紀文本中較晚近才添加的說法，其實是指十四世紀後半期的法國國王查理五世。我則認為查理五世的譯名是個錯誤的翻譯，它應該就是指查理曼。這可能是查理曼馳名罪行的附帶影射；它縈繞著當時人的想像，慣於讓中世紀英雄在他們奇觀式的德操和行止光彩上，背負一個滔天大錯的陰影[3]。至此，海勒甘家從這個「遷徙」的煉獄，竟在冥界安居下來。

大神學家巴黎主教奧弗涅的紀庸，在他一二三一到一二三六年間著作的《宇宙論》中，提出這些黑夜騎士的本質問題。據他所言，這些騎士在法文中稱為海勒甘家從，但在西班牙文中則是古代大軍（Huesta antigua，源自拉丁文 Exercitus antiquus）。到底這是痛苦騎士的靈魂，還是魔鬼？奧弗涅的紀庸重拾聖奧古斯丁的理論：聖奧古斯丁已設想在人死之後，罪愆的滌淨可於世間完成。紀庸認為海勒甘家從的靈魂會定期地離開煉獄，而煉獄則位於塵世的天庭裡。

一則有趣的混淆是將海勒甘與亞瑟相提並論，前文提過，在中世

煉獄中的海勒甘家從。從十三世紀末發明煉獄之
後，某些神學家和詩人就將海勒甘家從視為煉獄的
靈魂，暫時脫逸到空中，在地獄之火和天堂未來的
宴樂之間漂流。但丁在《神曲》的煉獄中提及這個
信仰，在其詩篇的這幅插畫裡，聖彼得迎接來自煉
獄的靈魂，但他們仍然負有情欲之吻的罪愆，要先
滌淨後才能穿著整齊、頭戴桂冠，步向天堂的喜
悅。《神曲》手稿，十五世紀；威尼斯，馬奇亞納
圖書館。

海勒甘家從　　231

紀與中世紀後期的意象天地裡，亞瑟被視為死者的國王，或者該說是沉睡的國王，在人世等待甦醒之日。其沉睡的地點，一說在亞瓦崙島（如傳奇故事的塞爾特版），一說在埃特納火山（如十三世紀初，堤博利的哲威提出的義大利化版本）。在里昂道明會修院的修士，波旁的艾堤安，他於十三世紀中葉提到騎士們的狩獵，稱之為海勒甘的家從或亞瑟的家從。還敘述一位侏羅地區鄉下人的故事：他見到一整群獵狗和一隊騎馬與步行的獵人從面前經過，他尾隨其後，一直跟到亞瑟王宏偉的宮殿。

這個「典例」印證了海勒甘家從進入民間的神怪世界。亞當‧德拉阿爾的《葉棚劇》是另一個例證，它約於一二七六年在阿拉斯上演，舞臺上出現一個海勒甘派來的人物，克羅克索。這些例子同時印證了海勒甘家從的民俗化，以及其從惡魔到滑稽的演進。這要歸因於引進到中世紀意象天地裡一件極富涵義的道具——面具，英雄自此可以帶著假面，而奇觀可以是假象。這在十四世紀初的一部作品及插畫中，完全展現於海勒甘家從身上。這部作品就是迪比斯的《福韋爾傳奇》[4]（右頁）。小說中有段著名場景「喧鬧翻天」，但這可能是一三一六年某位夏毓所穿插進去的附會之作。而化身於喧鬧翻天的人物，顯而易見就是海勒甘家從的成員。由此看來，海勒甘家從最後戴上的面具，不再是黑夜奔馳的狂飆，而是滑稽吵鬧的喧囂。在法國的意象天地中，他們從此只不過是個典故。他們曾出現於梅濟耶的菲利普的說教作品《老朝聖客的夢》（一三八九），或是拉伯雷的一五四八年的作品中。或是他們也改頭換面，成為「野蠻騎士」，據說在十七世紀初亨利四世的治下，遊蕩於楓丹白露森林。不過一六〇五年敘述這個奇蹟的史學家馬堤鄂，並未聽說過海勒甘家從，其所援

喧鬧翻天的海勒甘家從。在迪比斯於十四世紀初寫下的名著《福韋爾傳奇》中，他描述喧鬧翻天的民間節慶，中間插入一段關於死者的篇章，是對海勒甘家從真正的模仿嘲諷。一個惡魔騎士，騎著惡馬福韋爾，穿梭於關在棺木裡的死者之間。巴黎，國家圖書館，手稿編號 fr. 146，第 34 頁。

海勒甘騎著福韋爾和死人。這幅插畫也呈現沒有騎福韋爾的海勒甘，推著裝載活死人的小車，輪子令人聯想到命運之輪。這是《福韋爾傳奇》的另一大主題，它提及命定之力，而海勒甘家從正是受害者。巴黎，國家圖書館，手稿編號 fr. 146，第 34 頁。

海勒甘家從　　233

引的是一個完全基督教化的隊伍：「聖雨倍狩獵隊」。

　　至於促使海勒甘及其家從的消失（除了少數幾處民俗的角落還保留了他們），必定是這個名字和這個人物被一位意象天地的新人所取代，他就是雅樂甘。雅樂甘第一次出場是在十七世紀，隨著他出現的則是一個建立在歐洲範疇的全新想像世界，義大利即興喜劇。接續於駭人的海勒甘而至的，則是風趣的雅樂甘。然而，在「狂暴的奔逐」或「狂飆的軍隊」標題之下，天際狂野的奔逐，在日耳曼意象天地中延續其生命。我們可以在老克拉納赫的繪畫（一五三二）或十六世紀紐倫堡名歌手薩克斯的作品中，重見其身影。他在一五三九年替「狂飆軍隊」寫了一首長詩，將他們描述成一支小竊賊的部隊，替大惡人為虎作倀，其懲罰則是在凡塵的天際流浪，直到最後審判帶來的正義統治世界為止。

　　海勒甘家從可能就是一位英雄和他的奇觀隊伍，從歐洲意象天地消失的例子。但在我們這個時代，科幻小說的天際繁衍出種種或善或惡的神奇生物；因此不論是今天或未來，難道在這些火星人裡，不會看到最新的海勒甘家從脫韁而出？

COMPOSITIONS
DE RHETORIQVE.

*De Mr Don ARLEQVIN, Comicorum de ciuitatis
Noualensis, Corrigidor de la bonna langua Francese & La-
tina, Condutier de Comediens, Connestable de Messieurs les
Badaux de Paris, & Capital ennemi de tut les laquais in-
uenteurs desrobber chapiaux.*

ARLECHIN.

IMPRIME DELA' LE BOVT DV MONDE.

雅樂甘。除了在日耳曼領域中，野蠻的狩獵仍然延
續了海勒甘家從的神話。海勒甘在十六、十七世紀
時消失，讓位給一個義大利即興喜劇中幾乎同名的
角色，雅樂甘。海勒甘被一位風趣人物取代，遠離
了可怕的中世紀家從形象。馬汀內利著作的《雅樂
甘先生的修辭學創作》，在一六〇一年出版於里
昂的法文幽默作品，宣稱是在「世界的另一端印
行」，亦即冥界，嘲諷地模仿指涉海勒甘家從超自
然的特色。巴黎，國家圖書館。

日耳曼及浪漫主義的海勒甘家從。這幅霍思曼的畫
《狂暴大軍》（一八六六），闡明了海勒甘家從的
日耳曼形式。在這幅海勒甘奔馳的畫作中，著力於
傳統的狂飆，而海勒甘顯然已成為魔鬼的角色。飛
禽強調了背景是在天上，魔鬼長著觭角與翅膀，其
中一個奏著輓歌，他們強調全隊人馬的惡魔本色。
戰士和巫婆變為動物，替整體形象賦予更加非人的
特性。私人收藏。

14

La papesse Jeanne

女教宗若安

女教宗若安是位醜聞女英雄，同時也是奇觀式的
女性，是中世紀意象天地的產物。

她的故事出現在十三世紀末，我根據布侯的傑作來做個簡述。約於八五〇年，一個出生德國麥恩斯的英裔女子，為了追隨專研學業的情人，於是改扮成男裝，進入一個只保留給男性的世界。她的成績非常優異，以致在雅典勤奮的遊學後，在羅馬受到熱誠與欽慕的歡迎，令她得以進入教廷的職務品級，最後還當選教宗。她在位的任期超過兩年，卻因為一樁醜聞而結束：因為若安沒有捨棄肉體的享樂，結果懷孕了。她最後在從梵蒂岡聖彼得大教堂到聖約翰德拉特朗大教堂間的禮拜遊行途中過世，死前當眾生下一個小孩。這個故事的眾多版本，創造出女教宗的痕跡、證據及名聲，從此後，教宗加冕之際，都會有人用手確定他的性別。而教宗主持的禮拜遊行，從梵蒂岡直接到拉特朗的路上，繞離聖克雷孟教堂，以避開分娩之地。在當地，傳聞有一座雕像和銘文，恆久地紀念這起可嘆的事件。

這位女教宗並不存在。若安是個想像的女英雄，但她在一二五〇至一五五〇年間，是一個既為官方又為民間信仰的對象，也是這段期間基督教會一個文化物件與一項儀式的源起。她具體呈現了教會散布對於女性的恐懼，尤其是恐懼女性入侵教會。在教會藉以鞏固教宗絕對權力的同一個運動中，她則塑造了教宗的相反形象：女教宗。傑出的巴西中世紀學家法蘭克二世，在他探討中世紀烏托邦的專書中，提出將女教宗若安視為「兩性共存」的烏托邦。而我在這個人物身上看到的，則是對另一個性別的排斥，勝過對它的接受。十三世紀時，教會與歷史不得不接受女教宗。研究女教宗若安歷史的專家布侯曾清楚指出，在這個建構之中，他所稱的道明會網絡所扮演的角色。女教宗若安先是出現於道明會修士德馬億的著作（一二四三）中；之後，又出現在道明會修士博韋的文森所著《歷史明鏡》（一二六〇年前後）

大醜聞：女教宗若安分娩了，生下一個孩子。這是女教
宗故事的關鍵時刻，因為這同時揭露了她的性別，以及
在獨身者世界中生子的醜聞。在本圖中，我們看到女教
宗頭戴三重冕，它從博尼法奇烏斯八世之後，便為教宗
的冠冕。女教宗身旁環伺著樞機主教和公侯，她卻令他
們驚訝不已。這幅插畫取自於一三六一年薄伽丘《名媛
傳》的法文譯本。從教會的傳奇，女教宗若安又成為文
學與歷史的女英雄。一四一五年前後；巴黎，國家圖書
館，手稿編號 fr. 226，第 252 頁。

女教宗若安　　241

中（文森是聖路易寵信的博學之士）。而另一位道明會修士，波蘭人馬丁（出生於波希米亞的特羅保，是布拉格道明會修院的修士，波希米亞當時為波蘭的一省）位居教宗的告罪神父，他所著作的《教宗與皇帝編年史》（一二八〇年前後），確保了女教宗若安的地位。同一時期，女教宗若安還出現在道明會的《典例輯》，作者分別是波旁的艾堤安與列日的阿諾德。

波蘭人馬丁的內容寫著：

> 在李奧四世之後，於麥恩斯出生、英國籍的若望，在位兩年七個月又四天。他於羅馬過世，教宗大位懸缺了一個月。據說，他是個女人；年少之時，穿著男裝，被她的情人帶往雅典；她在不同學科皆進步神速，以致無人可與之匹敵；隨後她在羅馬教授語文三藝，且門徒與聽眾皆為高官。因為她的行止和學問在羅馬享有盛名，大家一致推舉她為教宗。在位期間，她的伴侶讓她懷孕了。但她／他不知何時會生產，當她／他從聖彼得大教堂前往拉特朗大教堂之際，在競技場與聖克雷孟教堂之間感到生產的痛楚，於是分娩，隨即過世於後來下葬之地。正因為教宗陛下經過此路徑一定都會繞道，一般人便相信繞道的原因是對此事件的痛惡。她的名字沒有列在神聖教宗的名錄上，因為她女人的性別不符教規。

一三一二年前後，當眾人開始替君主分配號碼之際，另一位道明會教士，阿奎那的門徒，路卡的托羅梅歐在他的《教會歷史》中，將數字「八」賦予女教宗，也就是若望八世，她因此成為第一百零七位

教宗。

　　事實上，在這個時期，教會徹底將女人排除在教會組織的職權和主持教儀的功能之外。一一四〇年左右，格拉濟亞努斯的法令集訂立了教會法，嚴格將女人排除於教會組織之外。至於女教宗若安，十三世紀末又出現在兩位道明會教士的作品中。一是毘捷的羅伯特，在其靈見與預言之中；一是著名的聖人傳記《金色傳說》的作者沃拉齊的雅各，在他為熱那亞城所作的紀年史中。他們對女教宗的看法充滿鄙斥，認為是「女人對神聖的汙染」。沃拉齊的雅各的敘述如下：

> 這個女子以自大展開行動，繼之以虛偽和愚蠢，而終結以羞愧。這正是女子的天性，在要付諸行動之際，開始時自負而無懼，中間則愚蠢，最後招致羞愧。所以，女人開始行動以自大與膽量，但沒有考慮行動的結局與種種後果；她以為已經完成大業。如果她能著手某些偉大的事業，在開端之後、行動之中，她不知如何再以智慧繼續已開啟的事。而這一切，是因為缺乏判斷力。最後只得在羞愧與恥辱中，完結她以自大與膽量著手、以愚蠢進行之事。因此，顯然可見女人從自大出發，接續以愚笨，終結以恥辱。

　　於是，對女教宗若安的信仰，使專屬教宗的典禮中出現一項新的物件和一個新的儀式。為了避免又出現一位女教宗的可能，新增的物件是新任教宗加冕時的座椅，能在儀式中指派人確認其男性性徵。而新的儀式，就是指派人用手觸摸教宗的身體，俾以確定他具有男人的性器。

然而在女教宗的周遭，心態與感知都在演變。環繞著教宗的儀式與傳說也都民俗化。在十九世紀相連於教宗傳奇的氣氛中，司鐸朵林格寫下《中世紀的教宗寓言》，這是關於中世紀教宗的一系列傳奇；他將女教宗若安的故事放在作品的開頭。從九世紀開始，某部諷刺作品《西彼連的最後晚餐》，想像出一段教宗儀典的嘲諷模仿，曾於教宗和皇帝面前演出；而在羅馬還創立了名副其實的嘉年華，即是「帖思塔逎節」，直到今天還保有一則一二五六年的描述。如帕拉維奇尼‧巴里亞尼清楚地指出，在當時也發展出對教宗身體熱烈的興趣，不論是其真實的形體或其象徵的意義。

　　此外，女教宗若安也受到女人奇觀形象演變的反挫。在這個意象天地中，我們又見到在善與惡、威名與唾棄之間慣例的搖擺。當女教宗被混雜為女巫之際，她也出現於薄伽丘一三六一年所著的《名媛傳》（241 頁），其中描繪的光耀仕女之列。正如布侯所說：「於一三六一年，若安走出教會，進入文學與女性天地。」

　　與此同時，女教宗的肖像畫也循著一道雙重的主調發展。歷史的醜聞形象，出現在手稿插畫與之後的版畫中，重點則圍繞著分娩的這個景象（右頁）。而她莊嚴與威望的形象，則由嘉年華演進為寓言，還進入了塔羅牌（247 頁）。在《巨人五傳之第三書》（一五四六），拉伯雷的嘲諷才情由此得到靈感。當帕女巨在夢中，要以閹割來威脅女人的誘惑者邱比特時，他大叫，「我把您那兒用鉤子拉住，而您知道我要對它如何嗎？老天啊！我要把您那兒的卵割下來，從那兒連根割下。可要割得分毫不差，為此他永遠無法當上教宗，因為『彼無睪丸』。」這裡對教宗登基儀式的影射顯而易見。

　　奇怪的是，新教的路德派為女教宗若安注入新的活力。事實上，

女教宗的分娩。十六世紀時,這個故事繼續發展,
介於寧信其有和反天主教教義之間。這幅柯連堡在
伯恩所作的版畫(一五三九),強調這個醜聞人物
的地位尊崇(華蓋、樞機主教、主教),以及此事
件在羅馬街頭產生的宣傳效果。

路德派信徒很樂意假裝相信歷史上真有其人，因為這正具體呈現了羅馬教會的顢頇。但是，沒過多久，加爾文派的鄙斥和理性主義的批評，又摧毀了女教宗若安存於正史的神話。狄德羅的《百科全書》將女教宗列在老婆婆說的故事中；而伏爾泰在其《風俗論》裡寫到，有人於八八二年行刺教宗若望八世，他說：「這和女教宗若安的歷史一樣無稽。」唯獨德國的劇場，在一四八〇年前後，重拾了女教宗若安的歷史，改名為琊塔夫人，很受觀眾歡迎。

法國大革命對女教宗主題的興趣很有限，僅止於其對於宗教和教會的批判精神。唯一算是成功的作品，僅德弗孔培的丑歌劇，它以大革命時的名曲〈明天會更好〉的嘲仿作為結尾。

當我們選出小若安，

在她的額頭上，三重冕

閃閃發光，我的小卿卿，

是呀，全羅馬都會鼓掌。

噢、噢、噢、噢。啊、啊、啊、啊。

你看這可愛的小教宗。

我們很快就會見到，在妝點

你的美貌之旁，銷蝕了

三重冕虛榮的光芒。

啊！明天，明天，明天會更好。

不過，女教宗的歷史似乎一直廣受歡迎，至少在羅馬如此。斯湯達爾的《羅馬漫步》（一八三〇），大部分是抄錄自尼松於一六九四

女教宗若安，塔羅牌。十五和十六世紀，塔羅牌戲
非常流行，提供給藝術家學術文化、甚或玄奧文化
的主題。這張牌呈現的是懷孕的女教宗，莊嚴且受
尊重。一五四〇年；紐約，皮爾蓬摩根圖書館。

年出版的《義大利之旅》，他在書中說道：

> 誰能相信，在今天的羅馬，還有許多人非常重視女教宗若安
> 的故事？一位備受尊崇的人士，可能還會升任樞機主教，今
> 天晚上對著我抨擊伏爾泰，說他膽敢對女教宗若安多所不
> 敬。

十九世紀末和二十世紀，女教宗之為「西方歷史的奇聞」，又重獲歡迎。這個重生的源頭，應該是一部詼諧作品《女教宗若安》，為希臘人羅依德於一八八六年在雅典出版。羅依德的小說在歐洲廣為流行，主要的歐洲語文皆有譯本。雖然它被巴爾貝‧多爾維利攻訐，但被賈利譯為法文（譯本於一九〇八年他過世後出版），並於一九七一年由杜瑞爾譯為英文。而這也讓人聯想到貝爾納諾斯的偵探小說《一樁罪行》（一九三五），其中亦重拾了女教宗若安的故事。女教宗甚至還吸引了電影創作者：在安德森的佳作《教宗若安》裡，高大美麗的挪威女星麗芙烏曼飾演女教宗（右頁）。

有人還試圖在美國特別受到好評的研究作品，尤其是伊希迦赫的著作中，重現女教宗；它們探討整個歷史，特別是在中世紀，教會與女性之間洶湧紛擾的關係。只要梵蒂岡和部分的教會人士，繼續將女性排除於教會組織的職權和主持教儀的功能之外，女教宗若安很可能就會繼續留滯在教會頑固執著概念的背景裡。女教宗若安，這個醜聞女英雄的形象，在今日梵蒂岡的潛意識裡，定然不會缺席。

電影裡的現代女教宗。安德森於一九七四年,在
《教宗若安》一片中,將女教宗的傳奇處理成一位
才智美貌兼備的少女,終於當上教宗的故事。一齣
曖昧的電影,一如它的主角。

15

renarf vap mer
a dame pſerpine
vous org hillouſ ſon
naue

figni e
t vient
pour a
ſilen

v proſdrpine eſt o ſon fil
n tant eſ veu le goupil

Renart

列那狐

列那狐是中世紀最有創意的想像之一，
即使牠的形象最初草創自希臘的伊索寓言中。

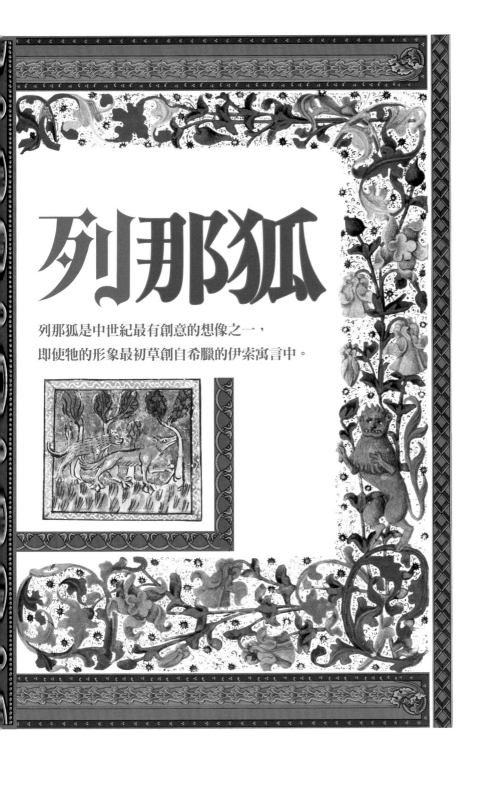

牠在世界上大部分的民俗與文化中，皆有其對應角色，因為牠代表一個明確的社會與文化類型，即是耍伎倆者（trickster）、欺詐、騙子。列那狐在中世紀與西方的意象天地中，代表了古希臘人所界定的一個特質，可稱之為「智多星」（métis），但沒有聯繫於某一特定人物[1]。此外，列那狐也傳達出人與動物間關係的複雜性質。本書中，牠在獨角獸的身旁，彰顯出真實動物與傳奇動物可以並列。牠是令中世紀西方男女老幼著迷的宇宙一員；這動物的宇宙，於他們的文化和意象天地中無所不在。從閱讀舊約的《創世紀》開始，就見上帝把動物交付給人。因為當上帝創造動物時，他要人為之命名，參與動物的創造，使其順理成章地支配動物。從這個聖經的起源開始，動物在封建社會的日常生活中與人類交會，無論是與家庭相連的寵物，或是農業勞力的動物（這是鄉野世界的基礎元素），或是在狩獵天地保留給領主團體的珍禽異獸。尤其是早在中世紀前期，動物很快就在這生活的一般作息旁，平行發展出強烈的象徵生命。人類的整個精神生活，不論是個人或集體，都反映在動物的世界。對中世紀的男女老幼而言，動物是畏懼或享樂、罪孽或救贖的一項基本工具。

在這個真實和想像的動物社會裡，狐狸占有重要地位。除了牠做為狡猾化身與曖昧個體這基本意涵之外，列那狐與中世紀和歐洲的意象天地有兩層饒富意義的關係。一方面，牠有一個對手、仇敵，一個相反人物，即是野狼伊松格藍；另一方面，牠無法脫離其生存的社會，而這是君主專制的封建社會的寫照。在這個社會裡，牠和國王獅子有一層特殊的關係。既複雜又曖昧的列那狐，有時是國王的附庸與幫手，有時則是反抗者，最後還成為僭位者。

列那狐帶著缺陷進入中世紀的意象天地，聖經很少提到牠，但是

邪惡的列那狐。在這幅十三世紀後半期的插畫中，
列那狐駕駛著邪行之舟。這個章節來自里爾的傑列
的《新列那狐》，插畫強調出整個作品象徵與教化
的特質。它所呈現的列那狐，即使不是如魔鬼為
邪行的首腦，至少也是嚴重惡習的掌舵人：一方
面是塵世與驕傲的虛名，另一方面則是肉慾、饕
餮、淫亂的罪惡。巴黎，國家圖書館，手稿編號 fr.
1581，第 29 頁。

最常引用的聖經段落，則是《雅歌》的第二章，第十五節，「要擒拿狐狸，就是毀壞葡萄園的小狐狸，因為我們的葡萄正在開花。」列那狐接著出現於十一世紀末，一篇教士的詩作〈囚犯之脫逃〉中，構成野狼和狐狸對立的兩方。這是一頭小牛的故事，牠是僧侶的象徵；小牛倉皇奔逃，穿過佛日山脈，而追逐牠的則是象徵非教徒的野狼，掠奪者與兇手。作品的背景則是葛里果改革與教會授職的爭執，而它開宗明義設下的論戰框架，將成為列那狐故事的範本。一一五○年前後，〈囚犯之脫逃〉啟發了一部動物史詩《伊松格林》，作者是根特的一位僧侶或神父。這部史詩的主題是狐狸列那和牠舅舅野狼伊松格藍間的衝突，伊松格藍不斷羞辱牠，最後終於被一群豬所吞噬。《伊松格林》設定了一組對比，日後將成為《列那狐傳奇》的基礎，一邊是靈巧的列那狐，另一邊是粗鄙的野狼，既愚笨又殘忍。如果要在本書的英雄群中引進一個反英雄，我一定會選擇野狼；牠是中世紀以降，歐洲意象天地的一大受害者，野狼在中世紀成為既凶殘又愚蠢的動物。此外，《伊松格林》中有不少場景，後來都成為《列那狐傳奇》的著名情節，例如偷火腿、用尾巴釣魚、列那狐醫生看診等等。

儘管有借用、有承襲，《列那狐傳奇》表達的是一種徹底不同的氣氛，牠將使列那狐徹底成為中世紀意象天地的英雄。這在文學史上是部獨一無二的作品，因為《列那狐傳奇》先由教士、後由文學史家組合而成。它是根據相當獨立、稱作「枝本」的片段構成，「枝本」的作者不一，創作的年代也不同，約在一一七○至一二五○年間。

在認識列那狐的生平與事跡之前，要先強調在現今自然界眾多種類的狐狸中，傳奇和連帶的意象天地裡的狐狸，是自然學家所稱的赤狐（Vulpes vulpes）。這是紅棕色的狐狸，而紅棕色自聖經以降就

列那狐對抗伊松格藍的戰鬥。披掛戰衣的馬、鎖子甲、盾牌，強調兩個仇敵動物之間的戰鬥，具有戲謔模仿騎士精神的本質。十三世紀；巴黎，國家圖書館，手稿編號 fr. 1581，第 6 頁。

是邪惡的顏色；列那狐毛皮的顏色亦相當程度地強化牠形象的負面部分。最後值得一提的是，十二世紀期間，在動物名稱和古法文中，原本的狐狸（goupil，源自拉丁文 vulpes）一詞，漸漸被日耳曼語系的狐狸（renard，可能源自於人名萊納或列金納）所取代。

根據《列那狐傳奇》不同的枝本，可以重組出一個相當連貫的情節，如我在此要引用的波胥亞和勒斐芙版本。列那狐接二連三地捉弄公雞響特克里、山雀、貓堤倍、烏鴉啼耶瑟闌，尤其是野狼伊松格藍。列那狐羞辱牠的小狼、和牠的妻子母狼荷桑上床，甚至在牠面前強暴牠的妻子；於是伊松格藍和荷桑前去獅子國王諾布樂的宮廷請求伸張正義。為了逃避法庭的判刑，列那狐發誓要彌補自己的惡行。但接著牠又逃過母狼和狗設下的陷阱，從此之後，牠更以不可饒恕的詭計來羞辱野狼。當牠再次被傳喚到諾布樂的法庭時，牠非但不去，還吞噬了母雞古蓓。最後應牠獾表兄葛藍倍的極力要求，終於出庭。雖然被判以絞刑，牠又發誓要前往聖地朝聖，再次逃過一劫。一被釋放，牠馬上就丟棄十字架和木杖，逃之夭夭。國王將其圍困在地下城堡「莫貝土逸」（意即不好的出口，指獸穴的洞口），卻也對牠無可奈何。後來牠又犯下了千百惡行與詐騙，還勾引王后母獅，甚至想篡奪獅子的王位。最後牠身負重傷死去，當牠的受害者無比高興地參加隆重的葬禮時，牠卻又復活，準備重新開始作惡。

這正是列那狐英雄，介於崇拜與憎恨之間；牠是一種行為的化身，即經由詭計的過程，自聰明腐化為欺騙與背叛。牠是中世紀與歐洲文化裡將詭計英雄化的工具，遠甚於意象天地中其他任何一位曖昧的英雄。正如我們之前看到的，沒有完美的英雄，因為完美不存於世間。但它更令人想問：列那狐到底是善是惡？

騙子列那狐。在對野狼伊松格藍展開一場模仿嘲諷
史詩的戰爭之前，列那狐先演練其騙術，耍弄了好
幾個角色：公雞響特克里、烏鴉啼耶瑟蘭、山雀、
貓堤倍。《列那狐傳奇》的插畫，十三世紀；巴
黎，國家圖書館，手稿編號 fr. 1580，第 93 頁。

透過牠在動物宮廷的上下其手，我們很難不聯想到在當時社會與政治環境裡的詭計。如同所有的中世紀英雄，列那狐也聯繫於一個地點；牠深植於土地，即是莫貝土逸這類型的「反城堡」。或許，牠也特別呈現出中世紀意象天地的一項基本要素，即是對食物熱烈而幾近瘋狂的尋覓，這是在他處絕無相同的力量。《列那狐傳奇》是詭計的史詩，也許更是飢餓的史詩。列那狐也是男女關係的一個典型象徵，牠正是封建社會男性的化身，與女性的關係搖擺於誘惑與暴力之間。

最後，隨著十三世紀的推進，列那狐的形象具有愈來愈強烈的諷刺意味，愈來愈遠離牠最初的真實動物形貌，而終於惡魔化。牠愈來愈等同於「魔鬼的身形」，也代表了這個在中世紀期間不斷增強的魔鬼基本形象，亦即騙子。

《列那狐傳奇》在歐洲文化，以及從十三到十六世紀間傳播的多種方言裡，其流傳的情形皆甚為可觀。法文中，首先有呂特伯夫的《顛倒列那狐》，接著有傑列的《新列那狐》和十四世紀一位特洛瓦教士的《仿效列那狐》；這些作品都強調故事的諷刺本質。但主要還是在日耳曼語系，尤其是德語和佛萊明語中發展最盛；最重要的是十二世紀末葛利希塞爾的《列那狐》，其次是佛萊明語的《列那狐之詩》和其續篇《列那狐故事》。十三世紀的威尼斯就已出現義大利文版《萊那多與列松格林諾》。最後在十五世紀末，英國發行了卡克斯頓的《狐狸萊那》。

如黎法爾明白指出，十二世紀後，列那狐進入歐洲意象天地的第二個關鍵時刻，就是十七、十八世紀的古典時期，列那狐被「割裂於寓言家的虛構和科學家的陳述之間」。寓言家當然就是拉封丹，他將列那狐寫進二十四篇寓言裡。根據當時的品味，列那狐仍是狡猾的騙

狐狸與烏鴉。拉封丹的寓言在十七世紀延續了騙子
列那狐的角色，但是寓言家讓他的動物主角更有人
性，而且他對烏鴉愚蠢虛榮的著墨，遠甚於列那狐
的狡猾。由卡維‧侯尼亞繪製的《拉封丹寓言》的
插圖，一九一〇年前後；巴黎，私人收藏。

子，但寓言家尤其要使這動物人性化、象徵化，將牠在中世紀令人憎惡的缺點，轉而視為近乎人性的弱點，因為牠嘗試以機智之權來取代力量之權，並致力在無情的社會中保存自由的一隅。至於自然學家，顯然是指蒲豐。即使這位大學者首重於以科學、客觀、公允的方式來述寫動物，還是免不了在描繪中流露出對狐狸的好感。

> 狐狸以狡猾聞名，而且相當名副其實。狼只能靠體力完成的事，牠可以技巧完成，而且更易成功……。既仔細又審慎，既靈巧又小心，甚至極有耐性，行為多有變化，能屢出奇招，且運用得適得其所……。牠絕非流浪的動物，乃有固定居所[2]。

《列那狐傳奇》在後世的流傳，以日耳曼地區最為重要。葛利希塞爾的詩有一個顯赫的後繼作品，即歌德於一七九四年改寫的《列那狐》（右頁）。歌德的這個選擇深受赫德影響，赫德將這個故事視作德國史詩的典範，而列那狐則是「所有尤里西斯中的尤里西斯」。浪漫時期掀起列那狐的熱潮，二十世紀依舊歷久不衰，甚至在德國的林登・萊格斯坦還建立了「列那狐博物館」[3]。另一方面，荷蘭的羅克林市立博物館於一九九八年與洛桑大學和尼莫恆天主教大學合作，舉辦許多活動，慶祝最古老的《列那狐》德文搖籃本的五百週年慶，它一四九八年在呂北克出版。

列那狐也是二十世紀法國文學中的一位英雄，改變了十九世紀對這個動物的抨擊。當時的烏托邦社會主義者傅立葉認為，相對於他對狗的讚頌和為野狼的平反，列那狐是惡臭下賤的典型代表。在法國

吟遊詩人、浪漫殺手的列那狐。《列那狐傳奇》的
中世紀德文譯本《列那狐》，於一七九四年有了歌
德改寫的版本。一八六七年版，第一章的鋼版插
畫。

文學裡，許多作品皆以列那狐這個「介於自然與文化、善與惡之間，令人著迷、雙面又多元的個體」為題。謳歌大自然的小說家傑內瓦，一九六八年出版《列那狐小說》；裴構的小說《從狐狸到瑪歌》，發行於普及的佛立歐文庫；斯瓦葉於一九八六年出版了一部以偷獵為主題的傑出小說《狐狸》；聖修伯里在他著名的哲學故事《小王子》中，讓狐狸和年幼的主角對話。

列那狐在二十世紀後半期，又找到一種新的表現方式，以確保其新生命，那就是兒童讀物。一九八二年出版於慕尼黑的《小狐狸尋母記》（右頁），一九八四年由法國的休閒文庫再版；該文庫又在一九九〇年改編日本女作家林明子於一九八九年出版的繪本。波斯科的《島上之狐》、薛瑟克斯和布爾的《向月亮說不的狐狸》（一九七四），同樣擁有各自的年輕讀者。中世紀意象天地裡成人的狐狸，於是成為兒童的狐狸[4]。

同樣令人吃驚的是，列那狐在電影中的命運。首先，牠是史達維奇的傑出動畫《列那狐傳奇》的主角（264 頁）；導演重拾原著的主要章節，以戲偶來飾演人物。這齣動畫的精神是娛樂且極端自由的，它呈現出「一個獨立的心靈，抵抗權勢者企圖駕馭生命所有面向的野心」。

第二個驚奇則是在迪士尼的卡通世界裡，列那狐和羅賓漢的交融。在一九七三年著名的卡通電影《羅賓漢》中，是由列那狐來飾演羅賓漢，甚至還戴著柯蒂斯的影片中埃洛弗林的呢帽。最後，也是最驚人的，必然是狐狸的西班牙文蘇洛（zorro），被用來命名電影中最獨特、最受歡迎的一大英雄。蘇洛能成為一個神話，要歸功於尼布洛的影片《蘇洛的印記》（一九二〇）的主角費爾班克斯（265 頁）：

兒童讀物裡的小狐狸。二十世紀的青少年讀物賦予
狐狸的角色特質，一般都是親情與愛憐的觀點。這
裡的小狐狸正是母親疼愛的對象。《小狐狸尋母
記》，作者柯淑諾芙，插圖繪者米希爾，一九八二
年。

故事發生在十九世紀中葉的新墨西哥州和加
州,它在意象天地中,替列那狐的神話開拓
一片廣大無際的新屬地;這次則是在歐洲之
外,美國西部的意象天地,蘇洛列那狐在
此接受了一個新的變形,轉化成蒙面的執法
者[5]。

列那狐與伊松格藍,電影裡戲偶的戰鬥。史達維奇
(一八八二至一九六五)出生於俄國,一九一九年
起定居於法國。他喜歡在動畫短片中讓動物演出,
《列那狐傳奇》是他唯一的長片,完成於一九三一
年,之後才加上配音,於一九三六年在德國上映完
整版,然後到一九三九年才在俄國上映。人物都是
戲偶,史達維奇是這類型電影的創始者。

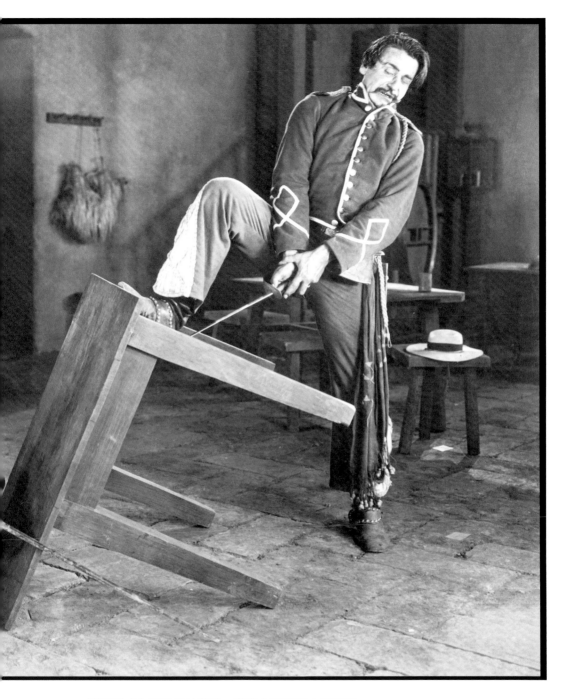

列那狐成為電影裡的蘇洛。蘇洛在西班牙文就是狐狸，早在默片時期的眾多美國片和墨西哥片中，就已成為電影中無畏無懼的蒙面執法者。最著名的絕對是尼布洛和費爾班克斯的《蘇洛的印記》（一九二〇），由費爾班克斯飾演這個傳奇的角色。

16

Robin des Bois

羅賓漢

羅賓漢可能真有其人，但本質上仍是文學的產物，是由十三到十五世紀的民謠形塑而成。他與英國意象天地的連繫特別緊密，但同樣繫於歐洲的意象天地。

將羅賓漢引進由中世紀衍生出的歐洲意象天地中，故事裡除了一位代表人物，一個不法之徒、伸張正義的反叛者，還有一個獨特的環境，即森林。這位人物可能真正存在於十三世紀的英國，但他的生平卻是由文學流傳下來，最早提到他的，是朗蘭創作於一三六〇到一三九〇年間的著名詩篇〈耕者皮爾斯〉[1]。羅賓漢在此被引述為一位民俗歌謠的英雄，不過以羅賓漢為題而流傳下來的民謠，則是十五和十六世紀的作品。所以，羅賓漢出現在中世紀的肖像插畫中，已是相當晚近的事。其被重置於十三世紀或特別是十四世紀末的英國社會史中，以呼應一三八〇年代的平民起義和宗教衝突。羅賓漢是弱小與窮人的保護者、是森林的勇士，也是一個團隊的領袖。他身旁永遠追隨著忠誠的伙伴小約翰，和粗獷的僧侶塔克修士。浪漫主義還替他加上一位溫柔的女友瑪莉安。

羅賓漢有一個代表政治與社會權力的敵人，冷酷無情且欺壓百姓的諾丁漢郡長。他大多時候都居住和活動在諾丁漢郡內的雪伍德森林，是一位神射手，這是助以鞏固其神話形象的平民標誌。所以他的特徵配件就是一張神弓，正好對應於使用長矛和劍當武器的乘馬貴族騎士。如同中世紀所有的英雄，這也是個曖昧的人物，介於正義與劫掠、正直與非法、叛逆與效勞之間，介於森林與宮廷之間。而率領的手下中，還有一位平易近人卻憤世嫉俗的教士。他掠奪富人，好讓窮人有吃有穿；他在大道上挺身援救遭騎士攻擊卻手無寸鐵的無助之人。十五、十六世紀以他為主角的主要民謠標題：「羅賓漢與僧侶」、「羅賓漢與陶匠」、「羅賓漢與郡長」、「羅賓漢之功績」、「羅賓漢之死」，清楚道出他的歷險。

十六世紀期間，以他為主題的民謠傳統，一直延伸到莎士比

從中世紀到十七世紀之間，羅賓漢是介於匪徒與紳士之間的人物。這幅一六〇〇年前後的木版畫，是日後才著色的。羅賓漢生活在十二世紀的諾丁漢郡，介於佩戴一張弓、一柄短棍的盜匪，和穿短褂、戴羽飾帽的紳士之間。這是民俗歌謠英雄的演進。私人收藏。

十六世紀的羅賓漢。儘管是影射一位在十三世紀沒沒無聞的歷史人物，羅賓漢要從十五世紀末才開始漸為人知，也才有他的肖像畫。在這幅十六世紀的圖像中，他佩戴著傳奇武器，平民與窮人的弓箭，但騎在馬上，他又成為騎士。私人收藏。

亞，其作品是整個中世紀最後也最燦爛的表達。《皆大歡喜》（一五九八～一六○○）一劇中，主角是被親兄弟剝奪領地與職權的貴族，匿居於亞耳丁的森林中，可謂是羅賓漢故事的轉借。

羅賓漢神話提供一個想像人物的特例。我們已經看過，中世紀的英雄與奇觀通常都在浪漫時期再登高峰，但羅賓漢之所以為特例，則是在浪漫文學中產生了第二個生命。羅賓漢在近代與當代意象天地的父親，就是英國小說家史考特；後世的羅賓漢形象正是出現於其著名的小說《劫後英雄傳》（一八一九，右頁）[2]。這部小說中，史考特的神來之筆讓主角生活於十二世紀末，並賦予他在英國歷史最熱情的插曲中的完美角色。羅賓漢托名為洛克斯理，率領手下保護被諾曼征服者欺壓的薩克遜人，並在英王獅心理查從十字軍東征歸來被囚禁之際，站在他這邊，對抗其兄弟約翰王。尤有甚者，他還拯救了隱姓埋名回到英國的國王，其中揭露自己身分的一幕，是小說的一大高潮。史考特同時也解決了羅賓漢劫掠的問題，國王因其功勞而赦免了他。羅賓漢稟告「我的君王有權知道我真正的名字，只怕陛下的尊耳太常聽到這個名字。我是雪伍德森林的羅賓漢」。而國王理查高聲說：「啊，你是法外之徒的國王、忠誠伙伴的王子！誰沒有聽過你的名字？它甚至遠播到巴勒斯坦。英勇的羅賓漢，儘管放心，在我去國之際，在這段紛擾期中，你的所作所為絕不會用來加罪於你[3]！」

羅賓漢似乎也獲得美國大眾最熱烈的歡迎，尤其是他已成為美國兒童的偶像，這要歸功於作家兼插畫家派爾的作品《羅賓漢歷險記》（一八八三），羅賓漢正是他為兒童繪作的這部作品的主角。一八九○年在歌劇院上演的《羅賓漢》也廣受歡迎，這是牛津畢業的美國作曲家戴高文（一八五九～一九二○）的作品。羅賓漢在美國之所以如

羅賓漢，浪漫主義的國族英雄。史考特在他一八一九年
所寫的小說《劫後英雄傳》中，賦予羅賓漢有了固定的
造型。原本渴望正義的匪徒，此後更成為擁護專制君權
的英雄；他拯救了從十字軍東征歸來的獅心理查，破解
了他僭位弟弟約翰王的陰謀。葉特曼‧伍爾芙的通俗小
說《綠林羅賓漢》（一九一〇至一九二〇）則受到艾凡
赫的啟發。在這幅插圖中，羅賓漢向理查致敬，而國王
原諒了他的過錯。私人收藏。

此受歡迎，或許要歸因於他多少被刻意地類比為一位西部英雄。

　　不論如何，在史考特之後的一世紀，是電影讓羅賓漢名垂不朽。兩齣由好萊塢明星擔綱演出的名片奠定其成功，首先是艾倫德溫於一九二二年的默片，由費爾班克斯擔任主角（右頁）；更重要的是威廉凱利的影片，後由柯蒂斯拍完的《羅賓漢傳奇》（一九三八），由埃洛弗林擔任主角，而他身旁的女英雄則由德哈佛蘭飾演[4]。羅賓漢是眾多影片的英雄，包括萊瑟曼一九七三年為迪士尼製作的卡通，這些電影通常都有一個饒富聯想的片名，例如肯安納金的《俠盜羅賓漢》（一九五二），以及由凱文雷諾斯執導，凱文科斯納主演的《俠盜王子羅賓漢》（一九九一）。羅賓漢是個如此令人著迷的英雄，他甚至啟發了一部作品，所凸顯的不是他盜匪的一面，而是一位垂老之人，始終多情，也始終受到惡人郡長的糾纏。這是理查萊斯特於一九七六年拍攝的一齣獨特的影片《羅賓漢與瑪莉安》的主題，由史恩康納萊飾演垂老的草莽英雄，奧黛麗赫本飾演瑪莉安。從中世紀以降，對所有時代與所有的人，羅賓漢的的確確都是一位意象天地的英雄。

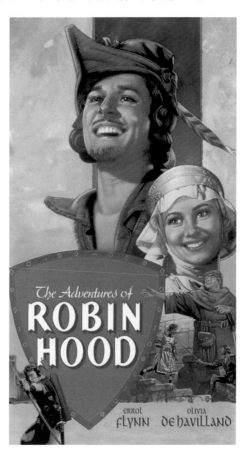

電影中的羅賓漢：埃洛弗林。埃洛弗林在有聲電影中重新詮釋這個角色，這是柯蒂斯的《羅賓漢傳奇》（一九三八）。帽子上的羽毛成了這位英雄的標誌，而史考特為他創造的女伴，在此片中由德哈佛蘭飾演。

電影中的羅賓漢：費爾班克斯。羅賓漢提供給電影
一位絕佳英雄。許多知名演員都曾以此一角色聞
名。這裡是電影《羅賓漢》海報中的費爾班克斯
（一九二二）。

17

Roland

羅蘭

羅蘭是個歷史人物，但我們對他幾乎一無所知。只有艾金哈爾德於九世紀初創作的〈查理曼生平〉中曾提過他。

羅蘭在〈查理曼生平〉中只是不列塔尼陣線的長官。但很快地，他就變成查理曼的外甥，而皇帝的黑暗傳奇，更讓他成為皇帝與姊妹亂倫生下的兒子。於是，再怎麼無畏、無可責難的英雄羅蘭，也承受著與生俱來的缺陷。一如其他例子，羅蘭也不是中世紀意象天地的無瑕英雄。此外，在本書介紹的所有英雄中，只有他的本質與一個國族文化的關聯最密切，亦即法國文化。我們馬上會見到，他是由一部文學作品《羅蘭之歌》所發明，創造他的這部作品可稱之為「我國文學、我國文化、我國歷史的奠基經典，也是我國語言第一個原創的展現[1]」。

《羅蘭之歌》誕生於一一〇〇年前後，它是「兩組素材的融和，一是古老、難以捉摸的材料，一是嶄新、原創的材料，出自一位可稱作吐洛德的詩人的才思與藝術……這傑作是天才創舉的結晶，它的出現使先前的詩歌與故事全都化為陳跡[2]」。作者吐洛德可能是一位盎格魯諾曼教士，還曾出現在巴佑織毯上。而馬姆斯伯里的威廉則說，征服者威廉於一一二五年的哈斯丁斯戰役攻下英國時，諾曼人行伍行進間有個雜耍人唱著一首「羅蘭的歌謠」。《羅蘭之歌》定然有一個原始的版本，反映著十二世紀中葉受到聖丹尼斯啟發的卡佩王朝的國家精神。但近代版本的《羅蘭之歌》所依據的手稿，則是一個英國化、現代化的版本，作者是在盎格魯諾曼的金雀花王室國王亨利二世左近之人。現在保存於牛津的手稿，年代應在一一七〇至一一八〇間。

《羅蘭之歌》敘述的是查理曼大軍出征西班牙的一段事蹟，可能有其歷史根據；皇帝曾與西班牙的伊斯蘭國王作戰，特別是札拉哥沙的國王馬奚爾。在查理曼身旁，好戰的羅蘭與主和的加尼隆各持己

羅蘭的號角。在戰事結束前,羅蘭吹得太晚且於事
無補的號角,成為這個人物的象徵,以及無力回天
的標示。在這幅圖上,基督徒變成十三世紀的騎
士,而戰鬥轉變為一場對抗異教徒的戰役。頭盔與
盾牌傳達了封建時代服飾和紋章的演進,戰場上天
然的叢山則由象徵的樹木來代表。聖加爾手稿,十
三世紀;私人收藏。

見。後來查理曼決定與馬奚爾言和，但是憎恨羅蘭的加尼隆卻慫恿馬奚爾背信，攻擊查理曼大軍的殿後部隊，而這個部隊的指揮官正是羅蘭。突襲地點是在庇里牛斯山的隆瑟佛隘口，龐大的穆斯林軍隊在此攻擊羅蘭指揮的一小隊基督徒人馬，他的副手是其戰友歐立維和樞機主教屠爾潘。這時應該要向皇帝和主力軍隊求援，但驕傲的羅蘭拒絕了；直到他不得不吹響號角召喚查理曼時，已經太遲。羅蘭和他的同伴只能英勇抵抗，戰到最後一兵一卒。查理曼趕到已為時太晚，只能將他們收殮到合宜的棺木裡。當他回到亞琛，將羅蘭的死訊告訴他美麗的未婚妻甌德，甌德也悲慟而死。年老的皇帝在嗚咽中領悟，他必須重新展開對西班牙穆斯林的戰事。

《羅蘭之歌》完全浸淫於十字軍的精神中，但數百年來在意象天地裡留下最深刻印記的卻不是這個精神。它主要的遺產是羅蘭的形象，他先成為基督教騎士的典範，之後如下文會提及，更成為法國騎士的典範。

在《羅蘭之歌》中，必須透過羅蘭與另外四個角色的關係，才能充分掌握這個人物的特質。首先要提出羅蘭和歐立維之間的對比，兩人雖為摯友，但個性與舉止卻截然不同。《羅蘭之歌》寫道：「羅蘭英勇，但歐立維卻理智。」羅蘭的性格急躁，這點足以讓後世文學輕易地塑造出一位「瘋狂」的角色；而歐立維則比較冷靜。其實，《羅蘭之歌》的完美騎士應該是兩者的結合，中道足以節制過度。值得注意的是，在歐洲、尤其是法國的意象天地裡，卻是狂狷的人物占上風。還有就如勒詹堤爾明白指出，《羅蘭之歌》的羅蘭是一個有弱點的人物。他畢竟是個凡人，也因此屬於我們已經提過的「人性」，這是中世紀與歐洲意象天地中所有英雄的共通之處。另一組對照是羅蘭

隆瑟佛戰役。羅蘭之死在此的解釋，是因為基督徒
軍隊面對穆斯林戰士的大軍，寡不敵眾。一道土丘
象徵了庇里牛斯山分隔開兩支軍隊。一四六〇年
前後；巴黎，國家圖書館，手稿編號 fr. 6465，第
113 頁。

和查理曼。有人曾明白指出，《羅蘭之歌》是附庸制度的詩歌。這是表達封建精神的最佳作品，其基礎便是領主與附庸之間的關係。夏爾特大教堂的彩繪玻璃，將羅蘭與查理曼的形象緊密相連。我認為此處尤要強調的是國王或皇帝形象。查理曼不是獨裁君主，他會徵詢意見、採納雅言、衡量利害，也哀嘆他君王的義務。在歐洲的意象天地裡，他宣示了至尊的政治權力並非絕對的權力。至於十六到十八世紀專制君王的絕對權力時代，絕非歐洲政治意識形態的終極成就，而不過是這個演進中的一段插曲。

在歐立維和查理曼之外，羅蘭與樞機主教屠爾潘也有特殊的關係。這個人物顯然是教會的代表，在後世文學中占有重要地位。這對人物凸顯的是，俗世與教會都不肯受制於對方，但理想應是，在「三職權結構」中，代表第一職權負責祈禱的人與第二職權負責作戰的人之間的關係，如羅蘭和屠爾潘之間一樣良好。最後，羅蘭可藉由兩性關係來定位。不過，甌德在《羅蘭之歌》中的地位卻很曖昧。她是英雄所希冀的伴侶，且全詩幾乎是以甌德之死作結。然而，除此之外，所有情節都是繞著男人間發展；這正是杜比所說的「男性中世紀」。英雄羅蘭的特出，正因他擁有並使用具備神聖性質的物件。首先是杜朗達劍，它的名字就像是活生生的個體，是羅蘭形影不離的伴侶。而他繫在腰帶上的號角，或是象牙號角，同樣也是神聖的物件，它能發出聲音與召喚，因而達到救援之效，我們還可將其比作一個有聲的豐收之角。

羅蘭以其殉國之壯烈、墳墓之重要，也參與了塑造傳統的英雄形象。《羅蘭之歌》可謂是一首長篇的訣別詩，隆瑟佛則是最具聲名的墳墓。這座墳墓尤其特殊，因為它凸顯出羅蘭獨具的無比重要特質。

羅蘭和他的號角、他的劍、他的頭盔與鎖子甲，還
有隆瑟佛的樹林。聖加爾手稿（局部），十三世
紀；私人收藏。

整首詩都沉浸在大自然裡。在叢山的大自然中，英雄的史詩不斷在蒼天之下進行。值得注意的是，羅蘭傳奇的紀念通常都展現在大自然中，有關他的主要神話遺跡全留在大自然裡，不論是被杜朗達劍劈成兩半的山岩，如羅蘭在法國庇里牛斯山的嘉瓦尼冰斗留下的缺口，或是拉斯佩齊亞附近的聖特蘭佐岩石。許多地點，尤其在義大利，都保有羅蘭「膝蓋」的痕跡（傳說羅蘭因負傷或其他原因下跪過的地點）。之前提過，一位英雄總聯繫於某個地點、某處空間；羅蘭卻是多重空間的英雄。羅蘭還廁身於另一種神奇人物的想像世界裡，那就是巨人。在義大利薩佛納附近的隆口狄馬立歐，留下一個巨人般的足印。他最驚人的傳奇形象，就是德國布萊梅在一四○四年為他樹立的雕像。這是座高達五公尺的塑像，聳立在市政府前，做為該城主權與特權的象徵。在歷史上，它經常於禮拜遊行中巡城，至今仍屹立在那裡（右頁）。

羅蘭的重要變形，是誕生於一般視為由中世紀跨越到文藝復興的這段過渡時期；儘管對我而言，這只是一直延伸至十八世紀的「長期中世紀」歷史的一個階段。在義大利，羅蘭被一道意識形態與文化潮流擄取，尤其是被費拉剌的艾斯特王公大家族所宣揚。羅蘭因此成為新史詩的英雄，在這些作品中，騎士精神發揚到狂亂不羈的境界；這也是輝耀式中世紀意象天地最美的創作之一。呈現羅蘭新面貌的作品，是兩位受艾斯特王公禮遇的大作家的創作。第一位是博亞爾多，他是人文主義者，在一四七六到一四九四年間寫下了《戀愛的羅蘭》。他結合了查理曼王朝史詩和亞瑟傳奇，尤其鋪陳錯綜複雜的愛戀情感，特別是在羅蘭與美麗的安潔麗卡這對新戀人身上。博亞爾多啟發了十六世紀初費拉剌的大詩人阿里奧斯托，他在一五一六至

羅蘭的塑像：羅蘭是城市的守護神。羅蘭在中世紀期間成為德國某些城市的守護神，眾人為他樹立巨大的雕像，做為禮拜遊行的主角，以召喚幾乎化身為聖徒的英雄的支持，來保護該城及其市民。圖中是羅蘭的雕像，高達五公尺，在一四〇四年樹立於布萊梅，做為該城主權與特權的象徵，迄今都是該城的標誌。它被置放於市政府之前。

一五三二年間創作了《瘋狂的羅蘭》。史詩敘述的是非教徒國王亞格拉蒙與羅多蒙特，和基督徒查理曼與羅蘭間的戰爭。法文裡的「吹噓」（rodomontade）一詞，即源自羅多蒙特的名字。它也敘述了羅蘭與安潔麗卡不幸的愛情，這是羅蘭陷入瘋狂的原因，也是詩題的來源。但我們更讀到西班牙穆斯林羅傑對布拉答萌特的愛情，和他皈依基督教，並成為艾斯特家族遠祖的過程。隨著阿里奧斯托，羅蘭成為輝耀式中世紀意象天地的英雄，一位騎士英雄，也是雅士英雄。後世的羅蘭有時保持接近古老的《羅蘭之歌》、有時則受晚近《瘋狂的羅蘭》影響。阿里奧斯托的傳統，特別在西西里島承續了下來，不論是在雙輪車上的車柱雕刻，或是傀儡戲劇場的戲偶（右頁）。創造出瘋狂羅蘭的義大利變形，也讓一種新類型的騎士英雄出現，即是遊俠騎士（paladin）。此字源於法文的 palatin（原指宮廷中人），在十三世紀的義大利文成為 paladino，驍勇的騎士人物，特別用來指稱查理曼麾下的騎士。這是阿里奧斯托在《瘋狂的羅蘭》中使用的名詞，它又由此在十六世紀回到法文。羅蘭從此屬於遊俠騎士該特定類型的騎士英雄。

阿馬爾維陳述過，意象天地歷史的另一譜系，是如何在十九世紀的法國，讓國族的羅蘭、甚至俗世的羅蘭誕生。如同大多數的中世紀英雄，羅蘭首先被浪漫主義所擷取；在法國，兩大浪漫詩人為他寫詩，詩作在十九世紀末是小學生必要背誦的課文。分別是維尼的《號角》和雨果的《亙古傳奇》。同時，要推廣《羅蘭之歌》的條件皆已成熟。第一個既學術又普及的版本，由法蘭希斯各・米榭於一八三七年發表。接著在居呂毅把歷史引進小學課程之後的一八六七年，當《羅蘭之歌》有愈來愈多現代法文譯本，它更成為歷史教材。影響最

西西里戲偶的羅蘭。中世紀的《羅蘭之歌》和十六
世紀初阿里奧斯托的《瘋狂的羅蘭》，兩者綜合啟
發了西西里島的傀儡戲表演。這裡上演的是羅蘭與
雷諾的決鬥。巴勒摩，亞堅托劇場。

深遠的翻譯定本，則是雷翁戈蒂耶於一八八〇年的譯文。這位學者在同時期還發表了偉大的《騎士制度大全》，它同時確立了這個社會階級與其意識形態的威望，還有大家對它的認識。在一八七〇年後，羅蘭進入另一種英雄戰士的行列，這是法國中小學教師在對抗普魯士人的復仇旌旗下所招募的英雄。他們有抵抗凱撒的高盧人領袖韋欽格托列，有在英法百年戰爭對抗英軍的杜蓋斯克蘭和貞德、弗蘭索瓦一世麾下的巴亞，有在三十年戰爭中擊敗西班牙人的蒂雷納大元帥，在法國大革命時的奧什將軍和馬爾梭將軍；戰敗的羅蘭也在其列。他啟迪了法國天主教徒和保皇黨人，這是合情合理的；但他也鼓舞了非教徒與共和黨人，這倒是較令人驚訝。但是米敘列教導他們把《羅蘭之歌》視為法國民族的天才作品、視為集體靈魂的發揚。在一九一四至一九一八年的世界大戰後，貞德被封為聖徒，並且為各種背景的法國人所認同接受，這才取代了在居勒費里時代羅蘭所據有的地位。

今天，英雄羅蘭在歐洲意象天地裡的地位相當模糊。如果在義大利，除了西西里傀儡戲之外，電影也多少承續了阿里奧斯托的遺緒，如法蘭希斯的《羅蘭與法國遊俠騎士》（一九五八），或是巴蒂亞托的《遊俠騎士》（一九八四）。在法國，羅蘭似乎只啟發了一部古早的影片，弗亞德的《隆瑟佛的羅蘭》（一九一三），還有卡山堤的《羅蘭之歌》（一九七八，右頁），雖然是很動人的作品，卻罕為人知。

今日的現況，對英雄羅蘭的重生似乎並不有利。不過，意象天地是如此仰賴歷史的偶然與變化，我們無法預料，過去如此令人夢想的遊俠騎士，有朝一日是否會在歐洲意象天地重占一席之地。

現代而且野蠻的羅蘭。在卡山堤的名片《羅蘭之歌》（一九七八）中，著名的火爆演員克勞斯金斯基，飾演揮舞著杜朗達劍的羅蘭，凶暴、好鬥、絕望。

18

Tristan et Iseult

崔斯坦與伊索德

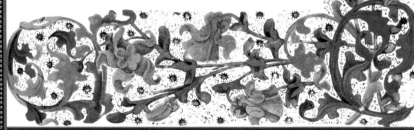

弗立茲寫道：「崔斯坦與伊索德的傳奇和聖杯，
同是中世紀西方構思出的最偉大神話，是致命
的愛情導向死亡的神話。」

即使這個傳奇已成為歐洲意象天地的特徵神話，仍經常拿來與普世的民俗或一則波斯傳奇相比較。韋思和拉敏的波斯故事，令人想起馬克、崔斯坦、伊索德的三角關係。但這則傳奇的基本精神似乎仍是來自塞爾特文化，並從十二世紀開始，在整個基督教歐洲傳播。此外，若崔斯坦與伊索德是中世紀的英雄表徵，這對情侶更成為近代愛情的化身，並不局限於中世紀時期。同為中世紀的奇觀，聖杯僅在本書討論騎士英雄的章節中約略提及，但崔斯坦與伊索德卻具有一席之地，因為他們比其他神話更能提供女人和情侶的中世紀形象，尤其還有宮廷愛情的形象。因為在封建的忠誠之外，這定然是中世紀留傳給西方世界情感價值的最大遺產[1]。

這神話保存於多是殘篇的一系列文本裡，整個系列包括兩部韻文小說，一是於一一七〇至一一七三年間英國湯瑪斯所作，定名為「宮廷版」，現僅存原文的四分之一左右；另一部是於一一八〇年前後，由諾曼裔詩人貝魯勒所著，稱之為「共通版」，現存段落有四千四百八十五行。此外，再加上三篇韻文故事：兩篇「崔斯坦的瘋狂」，根據手稿發現地，分別稱作「伯恩版崔斯坦的瘋狂」與「牛津版崔斯坦的瘋狂」；第三篇則是法蘭西的瑪麗著作的〈忍冬草短詩〉。還要再加上崔斯坦與伊索德的斯堪地那維亞史詩（一二二六），這是挪威國王哈孔四世下令由修士羅伯特創作。至於《散文版崔斯坦》（右頁）則是在一二三〇年前後，以長篇小說形式改寫崔斯坦與伊索德的神話，深受《散文版蘭斯洛特》的影響。故事呈雙線發展，一在國王馬克的宮廷，他是伊索德的丈夫、崔斯坦的叔父；一在亞瑟王的宮廷，崔斯坦成為圓桌武士一員，且是聖杯的追尋者。崔斯坦與伊索德的神話，很快地傳遍整個基督教歐洲。而在前述

崔斯坦與伊索德：在森林中的情侶。被國王馬克追
逐的情侶，藏匿於危險的莫華森林中，兩人穿著十
五世紀的貴族服飾。崔斯坦與伊索德的愛情經歷，
強調了愛情所有的風險危機。《散文版崔斯坦》；
巴黎，國家圖書館，手稿編號 fr. 102，第 71 頁。

崔斯坦與伊索德　　291

的北歐史詩之外，還有歐貝格的艾爾哈特的小說值得一提，其成書於十二世紀最後二十五年間，以及之後仍以中古德文改編的作品，作者有史特拉斯堡的高特弗立德，和其後繼者土爾漢的烏利克與弗萊堡的亨利，創作年代在一二〇〇至一二一〇年間。一三〇〇年前後，一位不知名的作者在英國以中古英文寫下了〈崔斯坦爵士〉。在佛羅倫斯的黎卡狄亞納圖書館還找到一個義大利散文版，據推測為十三世紀末的作品，稱之為「黎卡狄亞諾版崔斯坦」。

　　根據這些文本，我們可以簡述崔斯坦與伊索德傳奇的梗概。崔斯坦是個孤兒，由叔父康瓦耳國王馬克撫養成人。當他在愛爾蘭旅行之際，自惡龍的禁臠中解救了伊索德；在此可辨認出聖喬治的傳說與崔斯坦的騎士本質。伊索德是愛爾蘭王后的女兒，因此她被許配給國王馬克。但是在渡海之時，崔斯坦和伊索德誤飲了伊索德母親為女兒和國王馬克準備的媚藥，兩人因無法抗拒的愛意而互相吸引，促使這對青年成了情侶。自責誤用媚藥的侍女，在新婚之夜代替伊索德來到國王馬克身邊，犧牲了自己的貞操。在一連串離奇遭遇中，崔斯坦與伊索德試圖對所有人隱瞞他們的戀情，包括起疑的國王馬克、滿懷敵意的諸侯及其他附庸，還有幾分在擺布國王馬克。終究紙包不住火，他們被逮個正著，並被判處死刑。兩人潛逃到莫華森林中，過著悲慘的流浪生活。馬克找到了他們，但也發現彼此間的態度是貞潔的；馬克於是原諒了他們，並一起回到宮廷。一道曖昧的誓言洗刷了對伊索德通姦的指控，崔斯坦也報復了他的仇敵諸侯們，不過還是遭到國王馬克的流放。從此這對戀人只能愈來愈遙遠地私會，每當崔斯坦前來宮廷，都要喬裝為朝聖者、雜耍人或弄臣。他奉命迎娶卡黑國王的女兒「素手」伊索德，卻對「金髮」伊索德永保堅貞，與另一位伊索德終

崔斯坦對抗惡龍的戰鬥。在崔斯坦的試煉中，自然不能避免英雄對抗惡龍的傳統戰鬥，惡龍是看守意中人的獄卒。崔斯坦與伊索德的神話在十五世紀末非常流行。義大利，博爾札諾省，隆可洛城堡，「崔斯坦室」的壁畫，十五世紀。

tristam

無婚姻之實。最後他被一枝餵毒的箭所傷，臨終前想見金髮伊索德最後一面；素手伊索德本應升起白帆宣告金髮伊索德的到來，但滿懷嫉妒的她卻升起黑帆，表示崔斯坦的愛人沒有出現。絕望的崔斯坦撒手死去，而金髮伊索德只能撲倒在他的屍體上，隨之悲慟而亡。

崔斯坦與伊索德的神話深深地刻畫了歐洲的意象天地，情侶與愛情的形象都深受影響。媚藥成了一見鍾情及命定愛情的象徵，三角關係的故事也將戀愛的激情與通姦緊密相連。最後，這則神話將愛情與死亡命定關聯的概念，深植入西方的意象天地。早在十三世紀，史特拉斯堡的高特弗立德便已寫道：「即使他們已過世多年，他們迷人的名字仍繼續活在世上，而死亡會使他們活得更久，永遠為著塵世的益處活著；他們之死將不斷為我們活著且更新……。我們將閱讀他們的生、他們的死，且對我們而言，是比麵包更為美味。」我們也可注意到身為丈夫、身為國王的馬克，相對的消褪與無能。崔斯坦與伊索德置身於配偶權力與君王權力的局限上，這則

媚藥。在崔斯坦與伊索德的故事中，航行於歐
陸的不列塔尼和不列顛諸島間的船隻非常頻
繁。崔斯坦把將要成為叔父國王馬克妻子的伊
索德帶回國，在船上這對青年玩著領主的西洋
棋遊戲，但也不知不覺喝下媚藥，從此成為永
不分離的情侶；愛情是命定的。《散文版崔斯
坦》；巴黎，國家圖書館，手稿編號 fr. 112，
第 239 頁。

崔斯坦與伊索德　　295

神話將愛情定位於邊緣地帶，甚至是種反抗。

　　有人質疑崔斯坦與伊索德的神話是否全為宮廷愛情，或者至少有一部分脫離此範疇。似乎即使在「宮廷版」中，非宮廷的層面同樣刻畫了崔斯坦與伊索德的神話；這點我們將在吟遊詩人的意識形態中再次見到。馬愷蘿妮吉雅曾強調，故事中的騎士與其愛慕的仕女間的關係，定位於宮廷倫理之外。「宮廷仕女首先要具有這個文明教化的功能；是她讓青年融入封建社會，讓他分享其價值觀……然而，崔斯坦的故事卻恰恰相反，它像是一連串的放棄、漸進的邊緣化，最終導致死亡。我們必須要從這個觀點來檢視崔斯坦的喬裝：相對於宮廷仕女激勵的軍功，崔斯坦對伊索德的愛情，在他心中激起的不是戰士的才能，反而是詭計與偽裝。」

　　對崔斯坦與伊索德神話的興致，始終熱烈鼓舞著十五和十六世紀男女老幼的想像力。在十五世紀中葉，英國詩人馬洛里所作的〈萊盎的崔斯坦〉廣受歡迎。十六世紀，丹麥民謠以此傳奇為主題。德國人薩克斯於一五五三年寫下〈崔斯坦與伊索德〉。一五八〇年出版塞爾維亞－克羅地亞文的《崔斯坦與伊索德》。經歷了十七、十八世紀的消褪後，這則神話也享有浪漫主義一貫的重生。大施萊格爾於一八〇〇年創作了一部《崔斯坦》，但未能完成；史考特於一八〇四年發表了〈崔斯坦爵士〉；而冰島文的史詩《崔斯坦》則於一八三一年出版。

　　崔斯坦與伊索德的神話在法國重生與推廣，和十九世紀的學術研究息息相關。法蘭希斯各・米榭於一八三五至一八三九年整理出版了崔斯坦韻文小說全集；一九〇〇年，貝迪耶發表了所有崔斯坦文本的現代重組版，命名為《崔斯坦與伊索德小說》，他並稱其為「愛情與

浪漫主義的崔斯坦與伊索德，正處在瘋狂的邊緣。
深受華格納影響且精神不正常的巴伐利亞國王路德
維琪二世，從中世紀的德國傳奇中，汲取了透過浪
漫主義而成為神話的崔斯坦與伊索德的故事。這對
人物妝點了新天鵝堡的臥室。城堡建造於一八三二
年前後，路德維琪二世於一八八六年去世前，經常
居住於此。愛情的面貌接近精神官能症。

死亡的美麗故事」而感動廣大的讀者。

在此期間，崔斯坦與伊索德在英國詩歌中重生，有阿諾德於一八五二年發表的詩篇，還有斯文本恩的〈萊盎涅斯的崔斯坦〉。尤其要歸功於華格納的音樂，讓他們有了新生命。華格納於一八五四年就構思了「崔斯坦與伊索德」的初步計畫，並受叔本華的影響，在作品裡強調神話中悲劇與悲觀的本質；一如既往，自己譜曲、寫詞。於一八五九至一八六○年間完成了《崔斯坦與伊索德》，然後一八六五年在慕尼黑的市立劇院首演，由畢羅擔任指揮。與此同時，華格納成為畢羅妻子柯西瑪的情人。她是李斯特的女兒，兩人因這段戀情而生下一個女兒，他們為之取名伊索德。

繼十九世紀的歌劇之後，二十世紀是電影再賦予崔斯坦與伊索德神話一部新的傑作，它在愛情與死亡的命定徵兆下，貫注新的生命。尚德拉諾瓦採用了考克多的劇本，由馬雷和索蘿妮飾演這對神話情侶的《永恆回歸》（右頁）。

情侶之死。法國導演尚德拉諾瓦根據考克多的劇
本，於一九四三年重拾崔斯坦與伊索德的故事，
為其賦予了既現代又傳自遠古的特質。他所指導
的演員，無論是外表或演技，都為角色留下深刻
的痕跡，他為戀人之死找出一個永恆的神話形
象：馬雷和索蘿妮躺臥在翻覆的致命之船上。尚
德拉諾瓦的《永恆回歸》，一九四三年。

崔斯坦與伊索德　　299

19

Le troubadour
le trouvère

吟遊詩人、遊唱詩人

現代法文的吟遊詩人（troubadour）一詞，

來自於古普羅旺斯語，

即十二世紀的 trobador 這個字。

它用來指稱某一類的抒情詩人，他們創立了歐西坦語的朗格多克文學，並將十九世紀末之後所稱的宮廷愛情引進歐洲。至於遊唱詩人（trouvére）一字，是 trobador 在奧依語中的寫法，指的是奧依語的抒情詩人；他們稍晚出現於法國北方，仿效歐西坦的吟遊詩人。這個字來自歐西坦語的動詞 trobar，意思是「找到」，用以界定文字與詩篇的發明者。它強調了吟遊詩人的創造天才及其在文化與社會中扮演的角色，不論是在歐西坦語區，或是稍後在十二和十三世紀的整個基督教歐洲。是以，吟遊詩人與遊唱詩人都應列入中世紀的英雄，而其所創造的文學、所歌詠的價值觀，主要都是關於愛情，也足以被視為奇觀。

吟遊詩人的文學是一項俗世的創造，成形於法國南方的封建宮廷中，首先是在亞奎丹與普羅旺斯地區，然後發展到西班牙的加泰隆尼亞和義大利北部。

本書中，吟遊詩人又印證了組成中世紀文化的各種主要文化，它們的地點與起源的多元性。我們已經提過塞爾特文化的重要，吟遊詩人則印證了歐西坦文化的重要。

吟遊詩人發明並謳歌了「純潔愛情」，而純潔愛情的一部分則聯繫於宮廷文化與貴族理想的生活藝術，其中蘊涵了禮儀、精緻的風俗、典雅，但也包含了騎士的榮譽感。

純潔愛情的戀愛關係，是將吟遊詩人雕琢出的愛情藝術付諸實行。這段關係的對象是一位已婚女子，而情人對她的愛意可藉由兩種方式傳達：除了對她的追求之外，還要向她遞出一則請求，其形式則是以吟遊詩人的詩篇或歌曲做為表達的訊息。這種關係是嫁接於封建附庸的模式上，被愛的女子是貴婦仕女（「我的仕女〔mi dona〕」，

樂師吟遊詩人。吟遊詩人也將他們創作的詩篇譜上音樂。《聖母瑪麗亞之歌》是一部龐大的詩集,具有宗教性質的文詞與插畫,皆是呈獻給聖母瑪麗亞;歐洲對她的崇拜在十三世紀達到頂峰。主持詩集編纂工作的是阿豐索十世,於一二五二至一二八四年間是卡斯堤爾及萊昂的國王。《聖母瑪麗亞之歌》(局部),十三世紀;馬德里,艾斯庫里亞圖書館。

同一份手稿的這幅插畫,呈現兩位吟遊詩人,其中戴著皇冠的是國王阿爾封斯十世,彈奏詩弦琴。《聖母瑪麗亞之歌》(局部),十三世紀;馬德里,艾斯庫里亞圖書館。

在歐西坦語中是指「我的領主」），而愛她的人則是她的附庸，一如吟遊詩人是她的信使。

純潔愛情的目的是情感與肉體的滿足，吟遊詩人稱之為喜悅（joy）。我們則可將純潔愛情定義為「一種能掌控欲望的情欲」。儘管它與宮廷文化密切相關，但吟遊詩人的詩同樣也可依附於反宮廷的潮流。奈利宣稱「在歐西坦抒情詩的每一階段，都存有『粗野的詩篇』，幾乎不符宮廷文化的理想，甚至是其反動；它們盡情地表達那些粗鄙好鬥的爵爺自私與仇視女性的天性，與早先流浪歌者的歌謠一樣地露骨。可以稱之為反成規的文學、反宮廷的愛情與淫鄙的抒情詩。」

有一個問題直到今日還廣為討論，就是吟遊詩人是否有助於女性地位的提升及讚揚，抑或他們只不過是中世紀社會對女性基本仇視的托詞。虞榭對純潔愛情的定義，正是「以文字將女人排除在外的藝術」。與其說吟遊詩人是仕女的臣僕，倒不如說是她們的獄卒。有人曾強調，吟遊詩人的角色和他們在文學與音樂上的創造，與宮廷這個貴族中心的關聯是何等密切。至於禮遇保護吟遊詩人一事，有人試圖將此角色加諸於幾位上層貴族仕女身上，則是較受爭議的部分。若說納爾榜女子爵艾萌佳德（一一九六年過世），以及在法國奧依語區法王路易七世（原著寫六世，疑為有誤）與王后亞奎丹的艾莉諾的女兒，香檳女伯爵瑪麗（一一九八年過世），兩人的角色是確定的，瑪麗更是大詩人特洛瓦的克瑞強的保護人；反之，亞奎丹的艾莉諾（一一二二～一二○四）對詩人的贊助，則較不明確。

騎馬的吟遊詩人。最初的吟遊詩人都是高貴的領主。這幅手稿插畫呈現的是騎在馬上的歐西坦吟遊詩人呂岱爾，他是布蕾伊的領主，十二世紀中葉參加十字軍東征，並發明了〈遠方的愛情〉詩作。普羅旺斯歌謠集，十二至十三世紀；巴黎，國家圖書館，手稿編號 fr. 12473，第 127 頁。

honor sepellir. En la[n]

puois enaquel dia ella

la dolor quella ac de la

An

em

an

sp

au

me

tal

que

bes bis. Nom platz plu

Iamais damor nom ia

destamor loinc. Que e

第一位受肯定的吟遊詩人，是高貴的領主紀庸九世，出生於一〇七一年，一〇八六至一一二六年為亞奎丹公爵。他使其首都普瓦捷成為吟遊詩人最早興盛的中心。不過，紀庸九世雖然是個偉大的抒情詩人，卻也是淫鄙、仇視女性的詩人。早從十三世紀中葉起，他的「生平」就寫道：「普瓦捷伯爵是最會欺騙女人的人，他深諳作詩與歌吟的藝術，且浪遊天下，為的是能勾引更多女人。」

吟遊詩人的藝術能於法國北方傳播，要歸功一群新英雄，也就是他們的同儕遊唱詩人。遊唱詩人特別多、特別活躍的區域，包括香檳、皮卡第和阿圖瓦等區。十二世紀，他們分布於法國整個奧依語區。在阿拉斯，中產市民和遊唱詩人聚集在一個名為勒普伊的文化社團，該城因此成為詩歌與抒情音樂的重鎮。十二世紀中葉，歐西坦吟遊詩人布蕾伊的領主呂岱爾，參加十字軍東征，發明了〈遠方的愛情〉詩作（305 頁）。馬卡布魯是第一位「尋捕祕義」的詩人，這是吟遊詩人作品中隱祕晦澀的形式，它吸引了許多歐洲人，包括年輕的聖方濟各（右頁）。

愛情之外，戰爭主題也深受吟遊詩人的垂青；他們歌詠英雄戰士的壯舉。如同波恩的貝特朗（一一五九～一一九五）宣稱，「我對各位說，吃喝安睡給我的快樂，遠不如聽到雙方交鋒高喊『衝啊！』、卸甲戰馬的嘶鳴，還有『救命哪！救命哪！』的哀號，或者看到大將和小卒滾落壕溝的草叢裡，以及看到插在死者腰脅的長矛上閃著光芒的鋒刃。」

十二世紀的歐西坦吟遊詩人馬卡布魯。馬卡布魯是十二世紀中葉第一位「尋捕祕義」的詩人，「尋找到」是針對吟遊詩人作品中的晦澀意義表示明瞭。同一部普羅旺斯歌謠集的手稿插畫，十三世紀；巴黎，國家圖書館，手稿編號 fr. 12473，第 102 頁。

十三世紀初，對抗阿爾比教派的十字軍，震撼了創造出吟遊詩人的社會。於是十三世紀期間，吟遊詩人的作品也產生變化，尤其是他們採用了新的文體，例如小說。十三世紀後半期的《芙拉萌卡》，成書於魯埃格，羅柯復耶領主的幕下；這是一位領主遭年輕妻子和她情人欺騙的故事。此外，更有吟遊詩人傳記的出現，即所謂的「生平」，它們將這些文學英雄塑造成社會英雄。還有「蘇洛」，這是在「生平」中又增補了說明，將吟遊詩人的一生及其頌揚純潔愛情的作品相互連結。

從一開始，吟遊詩人的社會背景就非常多元，包括高貴的領主、一般或更普通的貴族、中產市民或平民，大家一同為主要屬於貴族的價值觀效勞。十三世紀期間，非貴族吟遊詩人的數目大大增加，即使其作品仍繼續受到宮廷文化的烙印。

黎季耶被視為「最後的吟遊詩人」，生卒年代約為一二三〇至一二九五年。出生於納爾榜，身世寒微，同時替納爾榜子爵、法國國王或卡斯堤爾國王效勞。無論如何，他是純潔愛情的最後一位大詩人。十三世紀末最後的創新，則是吟遊詩人愈來愈專注於歌頌一名特殊的女士，而當時人們對她的崇拜也掀起了非凡熱潮，她就是聖母瑪麗亞。

相較於中世紀意象天地的其他英雄，吟遊詩人可能更明顯地重新成為文化英雄，尤其是在法國的浪漫時期。尤有甚者，對地區方言及地區文化熱情的復興，使吟遊詩人在歐西坦復興的核心中再度復活。當巴歷斯於一八八三年發表關於大詩人特洛瓦的克瑞強的論文，第一次使用了「宮廷愛情」一詞。「吟遊詩人風格」一詞早從一八五一年就已用在建築學中，指稱一種仿哥德式的風格；而文學史家也自

浪漫主義與象徵主義的吟遊詩人。在一座有
噴泉小池的象徵花園中,吟遊詩人彈奏詩弦
琴,一群年輕貌美的女子跟著琴音歌唱。這
幅瓦特豪斯的畫作(一九一六),成為薄伽
丘《十日譚》的插圖。利物浦的陽光港,列
維夫人畫廊。

一八七六年開始，就已討論所謂的「吟遊詩人文體」。

今日，吟遊詩人仍是完全融入於歐洲意象天地的英雄。在歐西坦的記憶中，他們更以一種卓絕的方式出現。吟遊詩人還被當代文化裡最現代也最通俗的形式所吸收。他們不僅屬於廣告的世界，更屬於年輕人新音樂的天地。土魯斯的一個搖滾樂團足為證明，他們叫做「神奇吟遊詩人」（右頁）。

當代歐西坦吟遊詩人。這幅圖案是土魯斯的
搖滾歌手樂團「神奇吟遊詩人」一張唱片的
封套，重拾了中世紀歐西坦吟遊詩人的形
象。

20

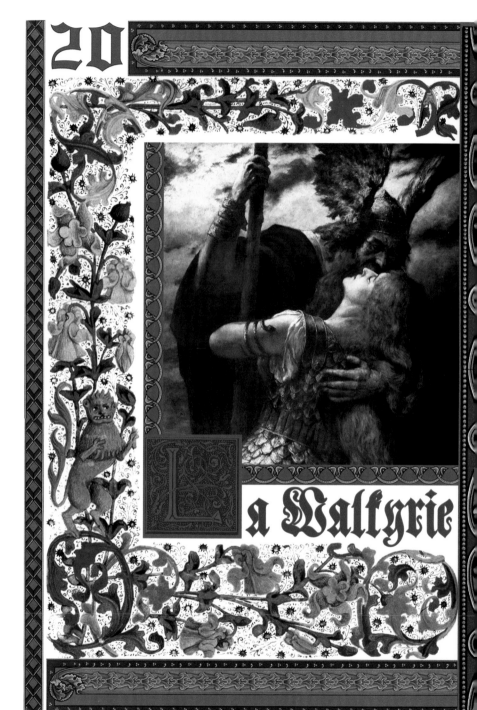

La Valkyrie

瓦爾姬麗
（女武神）

瓦爾姬麗源自兩個古北歐文詞彙，意思分別是
「隕落」與「選擇」。在最早的斯堪地那維亞神
話裡，瓦爾姬麗似乎是死者的神靈或引領亡魂的
神靈。

在維京人的時代，她們似乎轉變成女武士，或是斯堪地那維亞眾神中的主神奧丁的女兒。這些處女引領在戰場上英勇陣亡的英雄到瓦爾哈拉，斯堪地那維亞神話中最初的天堂。瓦爾姬麗的身形出現於十二世紀末的日耳曼史詩《尼貝龍根之歌》，或於不同的韻文、散文文本中，它們以文字記錄下原先透過口述傳播的傳說或歌謠。主要的作品有《韻文愛達》，創作於九世紀到十二世紀之間，這部眾神與英雄的詩歌，保存在一份十三世紀最後三十年時期的冰島手稿；還有《散文愛達》，這是冰島詩人斯諾里—斯圖魯松（一一七九～一二四一）的大作。此外還有《渥爾遜格史詩》，它將英雄西谷爾德的祖先，渥爾遜格的世系，連結到日耳曼神話主神奧丁。

瓦爾姬麗是想像的女英雄，她出現於此書，是因為在流傳給歐洲的中世紀意象天地中，除了塞爾特意象天地外，其代表了斯堪地那維亞和日耳曼意象天地的重要。在崔斯坦與伊索德之後，瓦爾姬麗再次肯定了十九世紀華格納作品裡，中世紀意象天地歷史遺緒的重要性。

瓦爾姬麗通常共有九位，偶爾有十二位。成為中世紀日耳曼史詩女主角的瓦爾姬麗，自十二世紀末起，便在史詩《尼貝龍根之歌》裡化身為布倫希德這位人物。因為布倫希德不服從奧丁，於是奧丁對她施以懲罰，除了讓她長眠，也取消其瓦爾姬麗的身分。從此，她只是一個凡人，而且必須嫁給叫醒她的人；但她立下誓言，只嫁給不知畏懼為何物的男人。布倫希德被國王西谷爾德喚醒，他們訂下婚約，但並未真正成親。布倫希德後來嫁給一位尼貝龍格侏儒，名叫鞏納德或鞏特，而西谷爾德則娶了鞏納德的姊妹顧德倫（或克琳希）。布倫希德又嫉妒、又覺得尊嚴受到傷害，遂要求鞏納德處死西谷爾德，但卻

後華格納的瓦爾姬麗。在日耳曼神話中，帶領陣亡將士進入瓦爾哈拉天堂的女戰士，因華格納而重生，並且通俗化。這幅一八九五年前後李克的版畫，呈現日耳曼至尊神祇佛坦向布倫希德訣別。

是另一個尼貝龍格侏儒古托恩趁西谷爾德熟睡時殺死了他。布倫希德痛苦萬分，在火葬的柴堆上，伴隨著西谷爾德的屍體自焚而亡。

瓦爾姬麗的神話是某一類配偶的寫照，他們的組合是一位超自然的個體和一位通常是騎士階級的凡人。變成凡人的瓦爾姬麗，並未解脫她超自然的根源。這位女英雄同時也闡明在中世紀意象天地中，戰爭暴力與對抗怪物的重要性。在此，女人是一個聯繫於死亡的個體。

原先是將英雄戰士引領至天堂的瓦爾姬麗，最終把他們帶入愛情之中，而其命定的結局則是死亡。華格納歌劇中的瓦爾姬麗，在此變為佛坦的至神奧丁最寵愛的女兒布倫希德，也是父親傾訴心事的對象，此外她還有八個姐妹。華格納接著重拾布倫希德的反抗，她想要保護西格蒙，他是國王渥爾遜格的兒子、奧丁的曾孫。變為凡人的布倫希德決定追隨她的夫婿齊格飛一同赴死，但她也在瓦爾哈拉放火，摧毀了傳統的神祇宇宙。這個眾神的黃昏，顯然令人想起十三世紀初的《亞瑟之死》，亞瑟與圓桌武士的黃昏。中世紀的意象天地終究被置放於死亡的陰影下，但在其更新的標誌下，更具有在超自然世界與凡人世界間的聯繫和變形。

這些半神、半人英雄的重生，包括瓦爾姬麗在內，出現於二十世紀的電影中，即是弗里茨‧朗的傑作《尼貝龍根》（一九二四，右頁下圖）。

歌劇院裡的瓦爾姬麗。這幅圖是根據華格納作品的某次演出所繪，現存於歌劇院博物館的圖書館中。這是一位以「美好年代」風格而定型的女戰士。

LA VALKYRIE

POEME ET MUSIQUE DE

RICHARD WAGNER

瓦爾姬麗：詩篇與音樂。這是為華格納的《女武神》在歌劇院演出時所畫的海報，它以戲劇化的方式，將瓦爾姬麗呈現於地獄的火焰之中。

BRVNHILD

電影中的瓦爾姬麗。弗里茨·朗在他默片時代的初期作品中，以古老的日耳曼史詩為題，拍攝了一部名片《尼貝龍根》（一九二四）。這幅圖像中的女星是漢娜哈芙，她飾演的布倫希德，是佩戴弓箭的原始女戰士。

瓦爾姬麗（女武神）　317

注解

引論

1. Évelyne Patlagean, «L'histoire de l'imaginaire», dans Jacques Le Goff, dir., *La Nouvelle Histoire*, Bruxelles, Complexe, 1988, p. 307.

2. Jacques Le Goff, *L'Imaginaire médiéval*, Paris, Gallimard, 1985.

3. Sur les images et l'historien, voir Jean-Claude Schmitt, article «Images», dans Jacques Le Goff et Jean-Claude Schmitt, dir., *Dictionnaire raisonné de l'Occident médiéval*, Paris, Fayard, 1999, p. 497-511; Jérôme Baschet et Jean-Claude Schmitt, dir., *L'Image. Fonctions et usages des images dans l'Occident médiéval, Cahiers du Léopard d'or*, n° 5, Paris, Le Léopard d'or, 1996; Jacques Le Goff, *Un Moyen Âge en images*, Paris, Hazan, 2000; Jean Wirth, *L'Image médiéval. Naissance et développement (XIᵉ-XVᵉ siècle)*, Paris, Klincksieck, 1989. Sur le symbolique, voir le superbe ouvrage récent de Michel Pastoureau, *Une histoire symbolique du Moyen Âge occidental*, Paris, Seuil, 2003.

4. Jean-Claude Schmitt, article «Images», dans Jacques Le Goff et Jean-Claude Schmitt, dir., *Dictionnaire raisonné de l'Occident médiéval*, op. cit., p. 499.

5. Jacques Le Goff, *Héros du Moyen Âge: le saint et le roi*, Paris, Gallimard, «Quarto», 2004.

6. Robert Delort, article «Animaux» dans Jacques Le Goff et Jean-Claude Schmitt, dir., *Dictionnaire raisonné de l'Occident médiéval*, op. cit., p. 55-66.

7. Claude Lecouteux, *Les Monstres dans la pensée médiévale européenne*, Paris, Presses de l'université de Paris-Sorbonne, 1993; J. B. Friedman, *The Monstrous Races in Mediaeval Art and Thought*, Cambridge (Mass.) / Londres, 1981; Umberto Eco prépare un ouvrage sur les monstres médiévaux.

8. «De l'étranger à l'étrange ou la "conjointure de la Merveille"», *Senesciences*, n° 25, 1988; *Dèmons et Merveilles du Moyen Âge* (colloque de Nice, 1987), Nice, Faculté des lettres et sciences humaines, 1990; Gervais de Tilbury, *Le Livre des merveilles*, traduit et commenté par Annie Duchesne, Paris, Les Belles Lettres, 1992; Claude-Claire Kappler, *Monstres, démons et merveilles à la fin du Moyen Âge*, Paris, 1980¹, 1999², Paris, Les Belles Lettres; Claude Lecouteux, «Paganisme, christianisme et merveilleux», dans *Annales* ESC, 1982, p. 700-

716; Jacques Le Goff, article «Merveilleux», dans Jacques Le Goff et Jean-Claude Schmitt, dir., *Dictionnaire raisonné de l'Occident médiéval*, op. cit., p. 709-724; Michel Meslin, éd., *Le Merveilleux, l'Imaginaire et les Croyances en Occident*, Paris, Bordas, 1984; Jacques Le Goff, «Le merveilleux dans l'Occident médiéval», dans *L'Imaginaire médiéval, op. cit.*, p. 17-39; Daniel Poirion, *Le Merveilleux dans la littérature française au Moyen Âge*, Paris, PUF, «Que sais-je?», 1982; Francis Dubost, article «Merveilleux» dans Cl. Gauvard, A. de Libera, M. Zink, *Dictionnaire du Moyen Âge*, Paris, PUF, 2002, p. 906-910.

9. R. Wittkover, «Marvels of the East. A study in the History of Monsters», *Journal of the Warburg and Courtauld Institutes*, V, 1942, p. 159-197; Lev Nikolaevich Gumilev, *Searches for an Imaginary Kingdom. The Legend of the Kingdom of Pfister John*, Londres, Cambridge University Press, 1987; C. Julius Solinus, *Collectanea rerum memorabilium*, Berlin, Mommsen, 1895²; M. R. James, *Marvels of the East. A Full Reproduction of the Three Know Copies*, Oxford, 1929; Marco Polo, *La Description du monde (Le Livre des merveilles)*, édition, traduction et présentation par Pierre-Yves Badel, Paris, Lettres gothiques, 1998; Pierre d'Ailly, Imago mundi, Paris, E. Buron, 1930 (chapitre *De mirabilibus Indiae*, p. 264 *sq.*); *Lettra del Prete Gianni*, a cura di Gioia Zaganelli, Parme, 1990; Gioia Zaganelli, *L'Oriente incognito medievale*, Saveria Manelli, 1997; Jacques Le Goff, «L'Occident médiéval et l'océan Indien: un horizon onirique», dans *Pour un autre Moyen Âge*, Paris, Gallimard, 1977, p. 280-306.

10. 在十二、十三世紀之時。*Cf.* Jacques Le Goff, «Naissance du roman historique du XIIᵉ siècle?», dans *Le Roman historique, Nouvelle revue Française*, n° 238 (numéro spécial), octobre 1972; Jacques Le Goff, «Du ciel sur la terre: la mutation des valeurs du XIIᵉ au XIIIᵉ siècle dans l'Occident chrétien», dans *Héros du Moyen Âge, le saint et le roi, op. cit.*, p. 1263-1287.

11. Paris, Seuil, 2003.

12. La postérité du Moyen Âge. Christian Amalvi, article «Moyen Âge», dans Jacques Le Goff et Jean-Claude Schmitt, dir., *Dictionnaire raisonné de l'Occident médiéval, op. cit.*, p. 790-805; Christian Amalvi, *Le Goût du Moyen Âge*, Paris, Plon, 1996; Vittore Branca, éd., *Concetto, storia, miti e immagiti del medioevo*, Florence, Sansoni, 1973; Umberto Eco, «Dieci modi di ignare il medioevo», dans *Sugli specchi e altri saggi*, Milan, Bompiani, 1985, p. 78-89; Horst Fuhrmann, *Überall ist Mittelalter. Von der Gegenwart einer vergangenen Zeit*, Munich, Beck, 1996; Jacques Le Goff et Guy Lobrichon, dir., *Le Moyen Âge aujourd'hui. Trois regards contemporains sur le Moyen Âge: histoire, théologie, cinéma* (colloque de Cerisy-la-Salle, juillet 1991), Paris, *Cahiers du Léopard d'or*, 1998; Alain Boureau, article «Moyen Âge», dans Cl. Gauvard, A. de Libera, M. Zink, *Dictionnaire du Moyen Âge, op. cit.*, p. 950-955.

13. Le Moyen Âge et le cinéma. *Cf.* Stuart Airlie, «Strange Eventful Histories: The Middle Ages in the Cinema», dans Peter Linehan et Janet L. Nelson, dir., *The Medieval World*, Londres-

New York, Routledge, 2001, p. 163-183; François de la Bretèque, «Le regard du cinéma sur le Moyen Âge», dans Jacques Le Goff et Guy Lobrichon, éd., *Le Moyen Âge aujourd'hui, op. cit.*, 1998, p. 283-326; *Le Moyen Âge au cinéma, Cahiers de la Cinémathèque*, n° 42-43 (numéro spécial), 1985. *Le Moyen Âge vu par le cinéma européen, Les Cahiers de Conques*, n° 3, avril 2001.

14. 郵票同樣也是傳統意象天地的一種現代的表達方式。

1. 亞瑟

1. Cedric E. Pickford, «Camelot», dans *Mélanges de langue et de littérature médiévales offerts à Pierre Le Gentil*, Paris, SEDES, 1973, p. 633-640.

2. Le grand historien italien de la littérature populaire et du folklore Arturo Graf (1848-1913) a consacré un bel article à «Artú nel'Etna» dans son ouvrage *Miti, leggende e superstizioni del medioevo* (2 vol.), Turin, Chantiore, 1892-1893. Une nouvelle édition a récemment paru chez Bruno Mondadori, t. I, Milan, 2002, p. 375, 392.

2. 大教堂

1. Voir leçon inaugurale au Collège de France.

2. J. S. Ackerman, «Ars sine scientia nihil est. Gothic Theory of Architecture at the Cathedral of Milan», dans *Art Bulletin*, 31, 1949.

3. 查理曼

1. 夏多布里昂震懾於皇帝端坐的屍身所凸顯的浪漫形象，在《亡魂回憶錄》中重拾這段描述。（édition de Maurice Levaillant, 1948, t. I, p. 316-317）他推定是於一四五○年前後啟墓時，發現屍體坐在王位上；但這只是他的想像。

2. Traduction de Robert Folz, voir Marcel Pacaut, *Frédéric Barberousse*, Paris, Fayard, 1990², p. 159-160.

3. Il faut toutefois signaler le film de Jean-Francois Delassus, *Au temps de Charlemagne* (Point du Jour pour Arte, 2003) avec Jacques Le Goff comme conseiller historique, qui s'efforce de replacer la civilisation carolingienne et le personnage de Charlemagne dans l'histoire des civilisations.

4. 防禦城堡

1. Jean-Marie Pesez, voir bibliographie.

2. Pierre Bonnassie, article «Château», dans *50 Mots clés de l'histoire médiévale*, Toulouse, Privat, 1981, p. 42.

3. 前置碉堡是蓋在整座防禦城池前端的巨型建築，以增強其防禦能力。

4. Jean-Marie Pesez.

5. Jean-Paul Schneider, «Un colosse au pied d'argile: le château vu par les dictionnaires du XVIIIe siècle», dans F. X. Cuche, dir., *La Vie de château*, Presses Universitaires de Strasbourg, 1998, p. 33-43.

6. Voir Roland Recht, *Le Rhin*, Paris, Gallimard, 2001, p. 264.

7. 聖德蘭‧亞維拉在十六世紀也用此隱喻來影射精神生活。

5. 騎士與騎士制度

1. Pierre Bonnassie, *50 Mots clés de l'histoire médiévale, op. cit.*, p. 43-44.

2. *Chevaliers et Miracles. La violence et le sacré dans la société féodale*, Paris, Armand Colin, 2004.

3. *Le Séminaire, livre XX, Encore*, Paris, Seuil, 1975, p. 79.

4. Jean Flori, voir bibliographie.

5. *Tirant le Blanc*, traduit du catalan par Jean-Marie Barberà, Toulouse, Anacharcis, 2003, p. 7-8.

8. 安樂鄉

1. *Journal d'un bourgeois de Paris, édité et présenté* par Colette Beaune, Paris, Le Livre de poche, «Lettres gothiques», 1990, p. 221-222. La toise valait 1,949 m. 這個遊戲被視為一項新發明，不過在此並沒有提及安樂鄉的名字。

10. 獨角獸

1. 我要在此感謝皮蓬涅女士提供她關於獨角獸角粉末的研究論文。publiés par Gay et Stern dans le *Glossaire archéologique, cité dans la bibliographie.*

11. 梅綠芯

1. Éditions successives augmentées en 1945, 1947, 1971, 1975 dans «10/18» et 1992 dans le «Livre de poche Biblio». Voir Pierre Brunel, «Mélusine dans Arcane 17 d'André Breton», dans Jeanne-Marie Boivin et Proinsias MacCana, *Mélusines continentales et insulaires*, Paris, Honoré Champion, 1999, p. 327-342.

2. Voir le bel article d'Anita Guerreau-Jalabert, «Des fées et des diables. Observations sur le sens des récits "mélusiniens" au Moyen Âge», dans *Mélusines continentales et insulaires, op. cit.*, p. 105-137.

13. 海勒甘家從

1. 專家認為這個名稱源自日耳曼語，一方面指涉軍隊（Heer），而另一方面則指自由市民的組織，唯有他們能夠攜帶武器（Thing）。

2. Je me permets de renvoyer à mes études, *La Naissance du purgatoire, Paris, Gallimard, 1981, et La Bourse et la Vie*, économie et religion, Paris, Hachette-Littératures, 1986.

3. 以上的故事大綱，皆遵循許密特的著作《還魂者：中世紀社會裡的活人和死者》。 Paris, Gallimard, 1994.

4. Margaret Bent et Andrew Wathey, éd., *Fauvel Studies*, Oxford, Clarendon Press, 1998.

15. 列那狐

1. Marcel Détienne et Jean-Pierre Vernant, *Les Ruses de l'intelligence. La métis des Grecs*, Paris, Gallimard, 1974. Voir Jacques Le Goff, «Renart et la *métis* médiévale», dans Claude Rivals, dir., *Le Rire de Goupil. Renard, prince de l'entre-deux*, Toulouse, Le Tournefeuille, 1998, p. 95-103.

2. On trouvera le texte de Buffon dans l'ouvrage dirigé par Claude Rivals, *Le Rire de Goupil, op. cit.*, p. 185-189.

3. Reineke-Fuchs-Museum, Dresdener Strasse 22, 35440 Linden-Leihgestern, Allemagne.

4. Voir Marcelle Enderle, «Le renard des albums pour enfants», dans Claude Rivals, dir., *Le Rire de Goupil, op. cit.*, p. 319-326.

5. François de la Bretéque, «Renart au cinéma, un rendez-vous manqué», dans Claude Rivals, dir., *Le Rire de Goupil, op. cit.*, p. 327-335. Je ne suis pas d'accord avec l'appréciation négative de l'excellent historien du cinéma qu'est François de la Bretèque, Renart s'est métamorphosé au cinéma mais il y a connu une forte renaissance.

16. 羅賓漢

1. 朗蘭寫道：「我讀過以羅賓漢及卻斯特伯爵蘭多夫為題的歌謠」。*Pierre le Laboureur*, traduction de Aude Mairey, préface de Jean-Philippe Genet, Paris, Publications de la Sorbonne, 1999, p. 84-85. 卻斯特伯爵（一一七二～一二三二）是一位歷史人物，也是因為反抗徵稅而受人愛戴的英雄。Voir R. H. Hilton, éd., *Peasants, Knight and Heretics*, Londres, Cambridge University Press, 1976.

2. Voir Michel Pastoureau, «Ivanhoé, un Moyen Âge exemplaire», dans *Le Moyen Âge à livres ouverts* (colloque de Lyon 2002), Paris, FFCB, 2003, p. 15-24, repris dans «Le Moyen Âge d'Ivanhoé, un best-seller à l'Opoque romantique», dans *Une histoire symbolique du Moyen Âge occidental*, Paris, Seuil, 2004, p. 327-338.

3. Walter Scott, *Ivanhoé*, version franBaise pour la jeunesse, Paris, Le Livre de poche, 2002, p. 285.

4. Ce film a été édité en DVD en 2004 avec le dessin animé *Rabbit Hood*, dont le héros est Bugs Bunny, en émule de Robin des Bois.

17. 羅蘭

1. Jean Dufournet, voir bibliographie.

2. *Id.*

18. 崔斯坦與伊索德

1. 蘭斯洛特和關妮薇或許更能代表宮廷愛情。因為在崔斯坦與伊索德身上揮之不去的是愛情中命定的悲劇，然而宮廷愛情的精髓卻是「純潔愛情」與「喜悅」。Voir Danielle Régnier-Bohler, article «Amour courtois», dans Jacques Le Goff et Jean-Claude Schmitt, dir., *Dictionnaire raisonné de l'Occident médiéval, op. cit.*, p. 32-41.

參考書目

引論

　　在此收錄由中世紀迄今的著作，闡明各項文藝主題在歐洲的傳播，包含本書所探及的主題，請參見下列大作：

Jonin, Pierre, *L' Europe en vers au Moyen Âge. Essai de thématique*, Paris, Honoré Champion, 1996: chevalerie, p. 351-369; jongleur, p. 529-540; merveille, p. 582-593.

Le Goff, Jacques, *L'immaginario medievale*, in *Lo spazo letterario del Medioevo*, 1. *Il Medioevo latino*, dir. G. Cavallo, Cl. Leonardi, E. Menesco, vol. IV, *L' attualizzazione del testo*, Rome, Salerno ed., 1997, p. 9-42.

1. 亞瑟

Arthurus rex, Acta conventus Lovaniensis, éd. W. Van Hoecke, G. Tourny, W. Verbeke, Louvain, 1991.

Arthurus rex, Koning Arthur en Nederlanden, *La Matiére de Bretagne et les anciens Pays-Bas*, catalogue d'exposition, Louvain, 1987.

La Légende arthurienne. Le Graal et la Table ronde, édition avec une préface de Danielle Régnier-Bohler, Paris, Robert Laffont, «Bouquins» 1989.

Barber, Richard, *King Arthur. Hero and Legend*, Woodbridge, Routledge, 1993.

Boutet, Dominique, *Charlemagne et Arthur, ou le Roi imaginaire*, Paris, Boutet, 1992.

Bryant, Nigel, *The Legend of the Grail*, Woodbridge, Routledge, 2004.

CARDINI, Franco, *Il Santo Graal* (dossier Giunti), Florence, Giunti, 1997.

Castelnuovo, Enrico, dir., *Le stanze di Artu. Gli affreschi di frugarolo e l'immaginario cavalleresco nell'autunno del Medioevo*, Milan, Electa, 1999.

Chauou, A., *L' I déologie Plantagenêt. Royautéarthurienne et monarchie politique dans l'espace Plantagenêt (xii-xiii siècles)*, Rennes, PUR, 2001.

Faral, Edmond, *La Légende arthurienne* (3 vol.), Paris, Honoré Champion, 1929.

Gardner, E. G., *The Arthurian Legend in Italian Literature*, Londres, JM Dent, 1930.

Geoffroy de Monmouth, *Histoire des rois de Bretagne*, traduit et commenté par Laurence Mathey-

Maille, Paris, Les Belles Lettres, 1992.

Loomis, R. S., *Arthurian Literature in the Middle Ages*, Oxford, Clarendon Press, 1959.

Loomis, R. S. et L. H., *Arthurian Legends in Medieval Art*, New York, Modern Language Association of America, 1938.

Marino, John B., *The Grail Legend in Modern Literature*, Woodbridge, Routledge, 2004.

Markale, Jean, *Le Roi Arthur et la société celtique*, Paris, Payot, 1976.

Störmer, W., «König Artus als aristokratisches Leitbid während des späten Mittelalters» *Zeitschrift für bayerische Landesgeschichte*, 35, 1972, p. 946-971.

Suard, François, article «Arthur» dans A. Vauchez, dir., *Dictionnaire encyclopédique du Moyen Âge*, Paris, Cerf, 1997, t. I, p. 128-130.

Whitaker, M., *The Legend of King Arthur in Art*, Londres, Cambridge University Press, 1990.

2. 大教堂

Les Bâtisseurs de cathédrales, numéo spécial de L'Histoire, décembre 2000.

«La cathédrale, xii-xiv siècle» *Cahiers de Fanjeaux*, n°30, 1995.

Les Cathédrales de l'ouest de la France, numéo spécial de 303. *Arts, recherches et créations*, région des pays de la Loire, n°70, Nantes, 3e trimestre 2001.

Toutes les cathédrales de France, numéo spécial de *Notre histoire*, juillet-août 1996.

vingt siècles en cathédrales (sous le patronage de Jacques Le Goff), sous la direction de Catherine Arminjon et Denis Lavalle (à l'occasion de l'exposition de Reims, 2001), Paris, Monum, Éditions du Patrimoine, 2001.

New Bulletin of the European Cathedral Association, revue spécialisée, n°1, Milan, 1988.

Lumiére gothique, t. I. Cathédrales de France; t. II. Cathédrales d' Europe, CD-Rom, 1996.

Le Temps des cathédrales, série télévisée, dirigée par Georges Duby.

Clark, Kenneth, *The Gothic Revival. A Study in the History of Taste*, Londres, 1928.

Duby, Georges, *Le Temps des cathédrales. L' art et la société 980-1420*, Paris, Gallimard, 1976; repris dans Duby, Georges, *L'Art et la Société Moyen Âge-xxe siècle*, Paris, Gallimard, «Quarto» 2002, p. 453-1011.

—, «Cathédrale», *Géo*, n°151, 1991, repris dans *Le Temps des cathédrales, op. cit.*, p. 1101-1106.

Colombier, Pierre (du), *Les Chantiers des cathédrales*, Paris, Picard, 1973.

Erlande-Brandenburg, Alain, article «Cathédrale» dans Jacques Le Goff et Jean-Claude Schmitt, dir., *Dictionnaire raisonné de l'Occident médiéval*, Paris, Fayard, 1999, p. 136-148.

—, *Quand les cathédrales étaient peintes*, Paris, Seuil, 1993.

—, *Notre-Dame de Paris*, Paris, La Martiniére, 1991.

—, *La Cathédrale*, Paris, Fayard, 1989.

Guénet, François et Kiner, Aline, *La Cathédrale livre de pierre*, Paris, Presses de la Renaissance, 2004.

Gy, Pierre-Marie, o. p., «Ecclésiologie de la cathédrale» dans les actes du congrés international *IX Centenário de Dedicaçao da Sé de Braga*, Braga, Universidade Católica Portuguesa, 1990, p. 63-71.

Kraus, Henry, *À prix d'or: le financement des cathédrales*, Paris, Cerf, 1991 (traduction de *Gold was the Mortar. The Economics of Cathedral Building*, Londres, Routledge, 1979).

Roland, Recht, *Le Croire et le Voir. L'art des cathédrales (xiie-xve siècles)*, Paris, Gallimard, 1999.

Sauerländer, Willibald, «La cathédrale et la révolution» dans *L'Art et les révolutions*, congrés de Strasbourg, 1990, p. 67-106.

Vauchez, André «La cathédrale» dans Pierre Nora, éd., *Les Lieux de mémoire*, III. Les Francs, 2. Traditions, Paris, Gallimard, 1992, p. 91-127.

3. 查里曼

Charlemagne et l'épopée romane, actes du VIIe congrés international de la Société Rencesvalles, Paris, Les Belles Lettres, 1978.

Charlemagne, pére de l'Europe ?, Histoire médiévale, n°53 (numéo spécial), mai 2004.

Dalla storia al mito: la leggenda di Carlo Magno. Numéo spécial de Medioevo, n°11 (70), novembre 2002.

La Saga de Charlemagne, traduction française des dix branches de la *Karlamagnús saga* norroise, par David W. Lacroix, Paris, Le Livre de Poche, 2000.

Barbero, Alessandro, *Carlo Magno. Un padre dell'Europa*, Rome-Bari, Laterza, 2000 (trad. française: *Charlemagne, un pére pour l'Europe*, Paris, Payot, 2004).

Bathias-Rascalou, Céline, *Charlemagne et l'Europe*, Paris, Vuibert, 2004.

Boutet, Dominique, *Charlemagne et Arthur, ou le Roi imaginaire*, Paris, Honoré Champion, 1992.

Braunfels, Wolfgang, dir., *Charlemagne. Œuvre, rayonnement et survivances*, catalogue d'exposition, Aix-la-Chapelle, Stadtverwaltung, 1965.

—, dir., *Karl der Grosse. Lebenswerk und Nachleben* (5 vol.), Düsseldorf, L. Schwann, 1965-1968.

Eginhard, *Vita Karoli* (Vie de Charles), texte latin et trad. française de L. Halphen, Paris, Les Belles Lettres, 1938, 6 édition, 1994. On consultera la traduction italienne: Eginardo, *Vita di Carlo Magno*, Rome, Salerno ed., 1980, pour l'introduction de Claudio Leonardi, p. 7-8.

Falkenstein, L., ?Charlemagne et Aix-la-Chapelle» *Byzantion* n°61, 1991, p. 231-289.

Favier, Jean, *Charlemagne*, Paris, Fayard, 1999.

Folz, Robert, *Le Couronnement impéial de Charlemagne*, Paris, Gallimard, 1964.

—, *Le Souvenir et la Légende de Charlemagne dans l'Empire germanique médiéval*, Paris, Les Belles Lettres, 1950.

Graboïs, Arieh, «Un mythe fondamental de l'histoire de France au Moyen Âge: le «roi David» précurseur du «roi trés chrétien» *Revue historique*, 287, 1992, p. 11-31.

Morrissey, Robert, *L' Empereur à la barbe fleurie. Charlemagne dans la mythologie et l'histoire de France*, Paris, Gallimard, 1997.

Paris, Gaston, *Histoire poétique de Charlemagne*, Paris, 1865. Rééd. 1905, Genève, Slatkine Reprints, 1974.

Ratkowitsch, Christine, *Karolus Magnus — alter Ænea, alter Martinus, alter Iustinus. Zu Intention und Datierung des «Aachener Karlsepos»* Vienne, Osterreichische Akademic der Wissenschaften, 1997.

4. 防禦城堡

Alcoy, Rose, article «Château» dans X. Barral i Altet, dir., *Dictionnaire critique d'iconographie occidentale*, Rennes, PUR, 2003, p. 185-188.

Bonnassie, Pierre, article "Château» dans 50 *Mots clefs de l'histoire médiévale*, Toulouse, Privat, 1981, p. 39-43.

Boüard, Michel de, *Manuel d' archéologie médiévale. De la fouille à l'histoire*, Paris, Société d'édition d'enseignement supéieur, 1975, p. 76-132. Les constructions militaires.

Brown, R. Allen, *English Castles*, n éd., Londres, Boydell & Brewer, 2004.

Bur, M., *Le Château* (Typologie des sources du Moyen Âge occidental, 79), Turnhout, Brépols, 1999.

—, article «Château» dans Cl. Gauvard, A. de Libera, M. Zink, dir., *Dictionnaire du Moyen Âge*, Paris, PUF, 2002, p. 274-276.

Caciagli, Giuseppe, *Il castello in Italia*, Florence, Giorgio Gambi, 1979.

Chapelot, Jean, *Le Château de Vincennes. Une résidence royale au Moyen Âge*, Paris, CNRS Éditions, 1994.

Cuche, François-Xavier, *La Vie de château. Architecture, fonctions et représentations des châteaux et des palais du Moyen Âge à nos jours* (actes du colloque de Strasbourg, 1996), Presses Universitaires de Strasbourg, 1998.

Finó José Federigo, *Forteresses de la France médiévale* (1960), trad. française, Paris, Picard, 1977.

Fournier, Gabriel, *Le Château dans la France médiévale. Essai de sociologie monumentale*, Paris, Aubier, 1978.

Gardelles, J., *Le Château expression du monde féodal*, t. IV de *Châteaux et Guerriers de France au Moyen Âge*, Strasbourg, E. Publitoral, 1980.

Gieysztor, Aleksander, dir., *Zamek Królewski w Warszawie* (Le château royal de Varsovie), Varsovie, PWN, 1973.

Hubert, J. et M.-Cl., *Le Château fort*, Paris, La Documentation photographique, 1965, n 5-263.

Laurent-Salch, Charles, dir., *L'Atlas des châteaux forts*, Centre d'études des châteaux forts de l'université de Strasbourg, Publitotal, 1977 (4 969 châteaux toujours existants et 4 788 repéables).

Licinio, R., *Castelli medievali. Puglia e basilica dai normanni a Federico II e Carlo I d'Angio*, Bari, 1994.

Merten, Klaus, éd., *Burgen und Schlösser in Deutschland*, Munich, Paolo Marton, 1995.

Mesqui, J., *Châteaux et Enceintes de la France médiévale. De la défense De la résidence* (2 vol.), Paris, Picard, 1991-1993.

Perdrizet, Marie-Pierre, *Le Moyen Âge au temps des chevaliers et des châteaux forts*, Paris, Nouvelle Encyclopédie Nathan, 1985.

Pesez, Jean-Marie, article «Château» dans J. Le Goff et J.-C. Schmitt, *Dictionnaire raisonnºde l'Occident médiéval*, Paris, Fayard, 1999, p. 179-198

Poisson, Jean-Michel, dir., *Le Château médiéval, forteresse habitée (xi-xvi siècle)*, Paris, Maison des sciences de l'homme, 1992.

Rapp, Francis, *Le Château fort dans la vie médiévale. Le château fort et la politique territoriale*, Strasbourg, Chantier d'Études médiévales, 1968.

Rocolle, Pierre, *Le Temps des châteaux forts. x-xv siècle*, Paris, Armand Colin, 1994.

Tummers, Horst Johannes, *Rheinromantik. Romantik und Reisen am Rhein*, Cologne, Greven, 1968.

Wheatley, Abigail, *The Idea of the Castle in Medieval England*, Londres, York Medieval Press, 2004.

Willemsen, C. A., *Castel del Monte. Die Krone des Apuliens*, Wiesbaden, Insel-Verlag, 1960.

5. 騎士與騎士制度

Arnold, B., *German Knighthood, 1050-1300*, Oxford, Oxford University Press, 1985.

Barber, Richard et Barker, Juliet, *Tournament*, 1989; trad. française *Les Tournois*, avec une préface de Georges Duby, Compagnie 12, Paris, 1989.

Barthélemy, Dominique, «Modern Mythology of Medieval Chevalry» dans P. Linehan et J. Nelson, dir., *Medieval World*, Londres/New York, Routledge, 2001, p. 214-228.

Borst, Arno, éd., *Das Rittertum im Mittelalter*, Darmstadt, Wissenschaftliche Buchgesellschaft, 1976.

Flory, Jean, *Brève histoire de la chevalerie. De l'Histoire au mythe chevaleresque*, Éd. Fragile, 1999.

Bumke, Joachim, *Studien zum Ritterbegriff im 12. Und 13. Jarhhundert*, Heidelberg, 1964.

Cardini, Franco, «Le guerrier et le chevalier» dans J. Le Goff, éd., *L'Homme médiéval*, Paris, Seuil, 1984, p. 87-128.

Chênerie, Marie-Luce, *Le Chevalier errant dans les romans arthuriens en vers des xii et xiii siècles*, Genève, Oroz, 1986.

Curtius, Ernest-Robert, «Das ritterliche Tugendsystem» dans *Europäische Literatur und lateinisches Mittelalter*, Bern, A. Francke, 1948; trad. française *La Littéature européenne et le Moyen Âge latin*, Paris, PUF, 1956, XVIII, «Le systéme des vertus chevaleresques» p. 628-650.

Demurger, Alain, *Chevaliers du Christ. Les ordres religieux militaires au Moyen Âge, xi-xvi siècle*, Paris, Seuil, 2002.

De Smedt, R., éd., *Les Chevaliers de l'ordre de la Toison d'or au XV siècle, Notices bio-bibliographiques*, 2 éd., Francfort-sur-le-Main, Peter Lang, 2000.

Duby, Georges, *La Société chevaleresque*, Paris, Flammarion, 1988 (repris dans Georges Duby, *Qu'est-ce que la société féodale?*, Paris, Flammarion, 2002, p. 1051-1205).

—, *Guillaume le Maréchal, le meilleur chevalier du monde*, Paris, Fayard, 1984 (repris dans Georges Duby, *Féodalité* Paris, Gallimard, «Quarto» 1996, p. 1051-1160).

Fleckenstein, Josef, éd., *Das ritterliche Turnier in Mittelalter*, Göttingen, Van den Hoeck & Ruprecht, 1985.

Flori, Jean, *L' Idéologie du glaive. Préhistoire de la chevalerie*, Genève, Droz, 1983.

—, article «Chevalerie» dans J. Le Goff et J.-Cl. Schmitt, éd., *Dictionnaire raisonn'de l'Occident médiéval*, Paris, Fayard, 1999, p. 199-213.

—, *La Chevalerie*, Paris, Jean-Paul Gisserot, 1998.

—, *Richard Cœur de Lion. Le roi-chevalier*, Paris, Fayard, 1999.

Frappier, Jean, *Amour courtois et Table Ronde*, Genève, Droz, 1973.

Girouard, M., *The Return to Camelot: Chivalry and the English Gentlemen*, New Haven/Londres, Yale University Press, 1981.

Keen, M., *Chivalry*, New Haven, Yales University Press, 1984.

Köhler, Erich, *Ideal und Wirklichkeit in der höfischen Epik, Tübingen*, 1970 (trad. française: *L'Aventure chevaleresque. Idéal et réalité dans le roman courtois*, Paris, Gallimard, 1974, avec une préface de J. Le Goff).

Le Rider, Paule, *Le Chevalier dans le* Conte du Graal *de Chrétien de Troyes*, Paris, SEDES, 1978.

Marchello-Nizia, Christiane, «Amour courtois, société masculine et figures du pouvoir» dans *Annales ESC*, 1981, p. 969-982. Pour Lacan par rapport à l'homosexualité: «L' amour courtois est resté énigmatique» *(Le Séminaire, livre xx, Encore*, Paris, Seuil, 1975, p. 79).

Painter, Sidney, *French Chivalry*, Ithaca, Cornell University Press, 1957.

Paravicini, Werner, *Die ritterlich-höfische Kultur des Mittelalters*, Munich, Oldenbourg, 1994.

Perdrizet, Marie-Pierre, *Le Moyen Âge au temps des chevaliers et des châteaux forts*, Paris, Nouvelle Encyclopédie Nathan, 1985.

Rabeyroux, Anne, article «Chevalier» dans X. Barral I Altet, dir., *Dictionnaire critique d'iconographie occidentale*, Rennes, PUR, 2003, p. 192-193.

—, *Richard Cœur de Lion. Histoire et légende*, Paris, UGE, «10/18» 1989.

Roubaud-Bénichou, Sylvia, *Le Roman de chevalerie en Espagne. Entre Arthur et Don Quichotte*, Paris, Honoré Champion, 2000.

Ruiz-Doménec, José Enrique, *La caballería o la imagen cortesana del mundo*, Gênes, Università di Genova, 1984.

Stanesco, Michel, *Jeux d'errance du chevalier médiéval, aspects ludiques de la fonction guerriére dans la littéature du Moyen Âge flamboyant*, Leiden, E. J. Brill, 1988.

Vale, M., *War and Chivalry*, Londres, 1981.

Vernier, Richard, *The Flower of Chivalry Bertrand du Guesclin and the Hundred Years Old*, Londres, Boydell & Brewer, 2004.

6. 悉德

(1) 文本

Cantar de mío Cid. Chanson de mon Cid. Texte et trad. française de Jules Horrent, 2 vol., Gand, Éditions scientifiques, 1982.

Chanson de mon Cid. Cantar de mío Cid. Éd. et trad. de Georges Martin, Paris, Aubier, 1996.

(2) 研究

經典

Menéndez Pidal, Ramón, *La España del Cid*, Madrid, Espasa-Calpe, 1929.

關於悉德之歌

Lacarra, María Eugenia, *El Poema de mío Cid: realidad histórica e ideología*, Madrid, Porrúa, 1980.

Smith, Colin, The Making of the «Poema de mío Cid», Cambridge, Cambridge University Press, 1983.

關於悉德的神話

Epalza, M. de, et Guellouz, S., *Le Cid, personnage historique et littéaire*, Paris, Maisonneuve et Larose, 1983.

Fletcher, Richard, *The Quest for El Cíd*, Oxford, Oxford University Press, 1989.

悉德的圖像簡介

Aurell, Martin, article «Cid (Le)» dans A. Vauchez, dir., *Dictionnaire encyclopédique du Moyen Âge*, Paris, Cerf, 1997, t. I, p. 329.

Menjot, Denis, article «Cid (Le)» dans Cl. Gauvard, A. de Libera, M. Zink, dir., *Dictionnaire du Moyen Âge*, Paris, PUF, 2002, p. 291.

7. 迴廊中庭

Braunfels, Wolfgang, *Abendländische Klosterbaukunst*, Cologne, DuMont, 1969.

Carron-Touchard, Jacqueline, *Cloîtres romans de France*, Zodiaque, 1983.

Evans, Joan, *Monastic Life at Cluny. 910-1157*, Oxford, Oxford University Press, 1931.

Gerhards, Agnés, article «Clôture» *dans Dictionnaire historique des ordres religieux*, Paris, Fayard, 1998, p. 160-162.

Goetz, Hans-Werner, *Leben im Mittelalter vom 7.bis zum 13. Jahrhundert*, Munich, Beck, 1986. III. Kloster und Münschleben, p. 65-113.

Jacobsen, Werner, *Der Klosterplan von St. Gallen und die karolingische Architektur*, Berlin, Deutscher Verlag Für Kunstwissenschaft, 1992.

Klein, Peter K., éd., *Der mittelalterliche Kreuzgang. The Medieval Cloisters. Le Cloître du Moyen Âge. Architektur, Funktion und Programm*, Ratisbonne, Schnell & Steiner, 2004.

Leclercq, Henri, article «Cloître» dans *Dictionnaire d' archéologie chrétienne et de liturgie*, 3, 2, 1914, Paris, Letouzey et Ané tome 3, 2e partie, p. 1991-2012.

Lopez, Élisabeth, article «Clôture» dans A. Vauchez, dir., *Dictionnaire encyclopédique du Moyen Âge*, Paris, Cerf, 1997, t. I, p. 346-347.

Mallet, Géaldine, article «Cloître» dans X. Barral i Altet, *Dictionnaire critique d'iconographie occidentale*, Rennes, PUR, 2003, p. 210-212.

Miccoli, Giovanni, «Les moines» dans J. Le Goff, dir., *L'Homme médiéval*, Paris, Seuil, 1989, p. 45-85.

Moulin, Léo, *La Vie quotidienne des religieux au Moyen Âge. X-XV s.*, Paris, Hachette, 1978.

Pressouyre, Léon, «St. Bernard to St. Francis: Monastic Ideals and Iconographic Programs in the Cloister» *Gesta*, XII, 1973, p. 71-92.

8. 安樂鄉

(1) 安樂鄉的相關文獻

Le Fabliau de Cocagne, éd. Veikko Väänänen, *Neuphilologische Mitteilungen*, 48, Helsinki, 1947, p. 3-36.

(2) 其他語言的文本

英文

The Land of Cokaygne, éd. Charles W. Dunn et Edward T. Byrnes, *Middle English Literature*, New York, Harcourt Brace Jovanovick, 1973, p. 188-192.

Pleit, Herman, *Dreaming of Cockaigne. Medieval Fantasies of the Perfect Life* (1 éd. en néerlandais, 1987), trad. anglaise, New York, Columbia University Press, 2001.

德文

Vom Schlaraffenland, éd. Moriz Haupt, et Heinrich Hoffmann, *Altdeutsche Blätter*, Leipzig, Brockhaus, 1836, vol. I, p. 163-170.

Sachs, Hans, *Das Schlaraffenland*, éd. Edmund Goetze et Carl Drescher, *Sämtliche Fabeln und Schwänke*, Halle, M. Niemeyer, 1893, vol. I, p. 8-11.

義大利文

Boccaccio, Giovanni, *Decameron*, Novella VIII, 3.

Camposesi, P., *Il piacevole viaggio di Cuccagna, appendice à Carnevale, Cuccagna e pinochi di villa*, p. 93-97 (voir infra), reproduit dans *Il paese della fame*, Bologne, Il Mulino, 19852, p. 212-216.

(3) 綜合研究

Franco Júnior, Hilário, *Cocanha. A Historia de une pais imaginário, en portugais*, São Paulo, 1998, trad. italienne *Nel paese di Cuccagna. La société medievale tra il sogno e la vita quotidiana*, Rome, Volti della Storia, 2001. Avec une préface de Jacques Le Goff. La parution de la traduction française chez Tallandier est imminente.

(4) 研究

Ackermann, Elfriede, *Das Schlaraffenland in German Literature and Folksong. Social aspects of an Earthly Paradise*, Chicago, 1944.

Borgnet, G., «Le pays de Cocagne dans la littéature allemande, des origines à Hans Sachs» dans Danielle Buschinger, Wolfgang Spiewok, éd., *Gesellschaftsutopien im Mittelalte*r. Discours et Figures de l'utopie au Moyen Âge, Greifswald, actes du Ve congrés annuel de la Société Reineke, 1994, p. 15-27.

Camporesi, P., «Carnevale, Cuccagna e giuochi di villa», *Studi e problemi di critica testuale*, 10, 1975, p. 57-97.

Cocchiara, Giuseppe, *Il mondo alla rovescia*, Turin, Boringhieri, 1963.

—, *Il paese di Cuccagna e altri studi di folklore*, Turin, Boringhieri, 1956, 1980.

Delpech, F., «Aspects des pays de Cocagne, programmes pour une recherche», dans Jean Lafond, Augustin Redeno, éd., *L' I mage du monde renversé et ses représentations littéaires et para-littéaires de la fin du xvis. au milieu du xvii*, Paris, Vrin, 1979, p. 35-48.

Delumeau, J., *La Mort des pays de Cocagne*, Paris, Publications de la Sorbonne, 1976.

Graf, A., «Il paese du Cuccagna e i paradisi artificiali», dans *Miti, leggende et superstizioni del Medioevo*, Milan, 1892-1893.

Graus, F., «Social utopias in the Middle Age», dans *Past and Present*, 38, 1967, p. 3-19.

Le Goff, Jacques, «L'utopie médiévale: le pays de Cocagne», *Revue européenne des sciences sociales*, 27, 1989 *(Lumiéres, utopies, révolutions. Hommage à Bronislav Baezko)*, p. 271-286.

Trousson, R., *Voyages aux pays de nulle part. Histoire littéaire de la pensée utopique*, Bruxelles, Publication de l' Université, 1975.

9. 雜耍人

Le Moyen Âge entre ordre et désordre, catalogue de l'exposition de la Cité de la musique à la

Villette, Paris, 2004; notamment Martine Clouzot, p. 56-57.

Baldwin, John W., «The Image of the Jongleur in northern France around 1200», *Speculum*, 72, 1997, p. 635.

Casagrande, Carla et Vecchio, Silvana, «Clercs et jongleurs dans la société médiévale, xii-xiii siècle», *Annales ESC*, 1979, p. 913-928.

Charles-Dominique, Luc, «Du jongleur au ménétrier. Évolution du statut central des instrumentistes médiévaux», dans Ch. Rault, dir., *Instruments à cordes du Moyen Âge*, Grâne, Créaphis, 1999, p. 29-47.

Clouzot, Martine, «*Homo ludens — Homo viator*: le jongleur au cœur des échanges culturels au Moyen Âge», dans *Actes du XXXIIe congrés de la SHMESP*, Boulogne-sur-Mer, mai 2001.

Clouzot, Martine et Marchesin, Isabelle, *Le Jongleur au Moyen Âge*, Paris, Gallimard, «Le Temps des images», 2001.

Faral, E., *Les Jongleurs en France au Moyen Âge,* Paris, Honoré Champion, 1910.

Hartung, W., *Die Spielleute. Eine Randgruppe in der Gesellschaft des Mittelalters*, Wiesbaden, 1982.

Marchesin, Isabelle, «Les jongleurs dans les psautiers du haut Moyen Âge: nouvelles hypothéses sur la symbolique de l'histoire médiévale», *Cahiers de civilisation médiévale*, avril-juin 1998, p. 127-139.

Rychner, J., *La Chanson de geste. Essai sur l'art épique des jongleurs*, Genève, Droz, 1967.

Stanesco, Michel, article «Jongleur», dans André Vauchez, dir., *Dictionnaire encyclopédique du Moyen Âge*, Paris, Cerf, 1997, t. I, p. 83.

Zink, Michel, *Poésie et conversion au Moyen Âge*, Paris, PUF, 2003, p. 161-163 et 173-174.

—, *Le Jongleur de Notre-Dame. Contes chrétiens du Moyen Âge*, Paris, 1999, n éd., Paris, Seuil, 2002.

—, *Littéature française du Moyen Âge*, Paris, PUF, 1992. Index *s. v.* Jongleurs.

Zumthor, Paul, *La Lettre et la Voix. De la «littéature» médiévale*, Paris, Honoré Champion, 1987.

10. 獨角獸

Astorg, B. D', *Le Mythe de la Dame à la Licorne*, Paris, Seuil, 1963.

Bersier, J., *Jean Duvet, le Maître à la Licorne*, Paris, Berger Levrault, 1977.

Bianciotto, G., *Bestiaire du Moyen Âge*, Paris, Stock, «Moyen Âge», 1980.

Boudet, J.-P., *La Dame à la Licorne*, Toulouse, Le Péégrinateur, 1999.

Carmody, F. J., *Physiologus latinus. Version* Y, University of California, Publications in Classical Philology, II, 1941, p. 95-137.

Chiellini Nari, Monica, article «Licorne», dans A. Vauchez, dir., *Dictionnaire encyclopédique du Moyen Âge*, Paris, Cerf, 1997, t. II, 1997, p. 893-894.

Erlande-Brandenburg, Alain et Rose, C., *La Dame à la Licorne*, Paris, Michel Ascline, 1993.

Gay, Victor et Stern, Henri, article «Licorne», dans *Glossaire archéologique du Moyen Âge et de la Renaissance* (2 vol.), Paris, 1885 et 1928.

Gotfredsen, Lise, *The Unicorn*, Londres, The Harvill Press, 1999.

Guglielmi, N., *El Fisiologo, bestiario medieval*, Buenos Aires.

Henkel, Nikolaus, *Studien zum Physiologus im Mittelalter*, Tübingen, 1976, notamment p. 168-171.

Jacquart, Danielle, article «Physiologus», dans A. Vauchez, dir., *Dictionnaire encyclopédique du Moyen Âge*, Paris, Cerf, 1997, t. II, p. 1209-1210.

Joubert, Fabienne, *La Tapisserie médiévale*, 1987, 2003 (Paris, Musée national du Moyen Âge, Réunion des musées nationaux).

Kendrick, A. L., «Quelques remarques sur la «Dame à la Licorne» du Musée de Cluny (allégorie des cinq sens ?)», actes du congrés d'Histoire de l' art, Paris, 1921, t. III, 1924, p. 662-666.

Maurice, Jean, article «Bestiaires», dans Cl. Gauvard, A. de Libera, M. Zink, dir., *Dictionnaire du Moyen Âge*, Paris, PUF, 2002, p. 161-163.

Planche, Alice, «Deux monstres ambigus: licorne et lycanthrope», dans *Démons et Merveilles au Moyen Âge* (colloque international de Nice, 1987), université de Nice-Sophia Antipolis, 1990, p. 153-170.

Reynaud, Nicole, «Un peintre français, cartonnier de tapisserie au XV siècle, Henri de Valay», *Revue de l'art*, n°22, 1973, p. 6-21.

Schneebalg-Perelman, S., «La Dame à la licorne a été tissée à Bruxelles», *Gazette des beaux-arts*, n°70, 1967, p. 253-278.

Segre, Cesare et Fery-Hue, Françoise, article «Bestiaires», dans *Dictionnaire des lettres françaises*, le Moyen Âge, Paris, 1964, p. 171-173.

11. 梅綠芯

Melusine of Lusignan. Founding Fiction in Late Medieval France, éd. D. Maddox et S. Sturm-Maddox, Athens, The University of Georgia Press, 1996.

Mélusine, actes du colloque du Centre d'études médiévales de l'université de Picardie, *Wodan*, vol. 65, 1996.

Mélusines continentales et insulaires, dir. J.-M. Boivin et P. MacCana, Paris, Champion, 1999.

Clier-Colombani, Françoise, *La Fée Mélusine au Moyen Âge. Images, mythes et symboles*, Paris, Le Léopard d'or, 1881.

Coudrette, *Le Roman de Mélusine*, trad. Laurence Harf-Lancner, Paris, Classiques Garnier Flammarion, 1993.

Harf-Lancner, Laurence, «La vraie histoire de la fée Mélusine», *L'Histoire*, 119, février 1989, p. 8-15.

—, «Le mythe de Mélusine», in P. Brunel, éd., *Dictionnaire des mythes littéaires*, Paris, Le

Rocher, 1988, p. 999-1004.

—, *Les Fées au Moyen Âge. Morgane et Mélusine; la naissance des fées*, Paris, Honoré Champion, 1984¹, 1991².

—, *Le Monde des fées dans l'Occident médiéval*, Paris, Hachette, 2003.

Jean d'Arras, *Mélusine ou la Noble Histoire de Lusignan*, édition, traduction et introduction au texte intégral par Jean-Jacques Vincensini, Paris, Le Livre de poche, «Lettres gothiques», 2003.

—, *Mélusine (le Roman de Mélusine ou l'histoire des Lusignan)*, mis en français moderne par Michèle Perret, préface de Jacques Le Goff, Paris, Stock, «Moyen Âge», 1979.

Lecouteux, Claude, *Mélusine et le Chevalier au Cygne*, préface de Jacques Le Goff, Paris, Payot, 1982.

—, «La structure des légendes mélusiniennes», dans *Annales ESC*, 1978, p. 294-306.

Le Goff, Jacques, *Mélusine maternelle et défricheuse* (avec E. Le Roy Ladurie), dans *Annales ESC*, 1971, repris dans *Pour un autre Moyen Âge*, Paris, Gallimard, 1977, p. 307-331.

Lund, Bea, *Melusine und Merlin im Mittelalter. Entwürfe und Modelle weiblicher Existenz im Beziehungsdiskurs der Geschlechter*, Munich, 1991.

Pillard, Guy-Édouard, *La Déesse Mélusine. Mythologie d'une fée*, Maulévrier, Héault-Éditions, 1989.

Pinto-Mathieu, Élisabeth, *Le Roman de Mélusine de Coudrette et son adaptation allemande dans le roman en prose de Thüring von Ringoltingen*, Göppingen, Kummerle Verlag, 1990.

Sergent, Bernard, «Cinq études sur Mélusine», *Mythologie française*, 177, 1995, p. 27-38.

Thüring de Ringoltingen, *Mélusine et autres récits,* présentés, traduits et annotés par Claude Lecouteux, Paris, Honor?Champion, 1999.

Vincensini, Jean-Jacques, «Modernité de Mélusine dans *Le Dernier Chant de Malaterre* de François Bourgeon», dans *La France médiévale et les écrivains d'aujourd'hui*, dir. M. Gally, Paris, PUF, «Perspectives littéaires», 2000, p. 163-178.

—, «Mélusine ou la vertu de la trahison (notes sur la vraisemblance dans les récits mélusiniens)», dans Revue des langues romanes, numéo spécial *Merveilleux et fantastique dans la littéature du Moyen Âge*, dir. F. Dubost, 101, 2, 1996, p. 35-48.

11-13 歲青少年可讀

Perret, Michèle, *La Légende de Mélusine*, Paris, Flammarion, «Castor-Junior», 1997.

12. 梅林

Baumgartner, Emmanuelle, *Merlin le Prophète ou Livre du Graal*, Paris, Stock, «Moyen Âge», 1980.

Berthelot, Anne, article «Merlin», dans Cl. Gauvard, A. de Libera, M. Zink, dir., *Dictionnaire du*

Moyen *Âge*, Paris, PUF, 2002, p. 903-904.

Bloch, R. H., «Merlin and the Modes of Medieval Legal Meaning», dans *Archéologie des signes*.

Harding, C. A., *Merlin and Legendary Romance*, New York/Londres, 1988.

Micha, Alexandre, article «Merlin», dans *Dictionnaire des lettres françaises. Le Moyen Âge*, Paris, Le Livre de poche, n éd., Fayard, 1964, p. 1098-1099.

—, éd., *Merlin*, Genève, Droz, 1980.

Reeves, Marjorie, *The Influence of Prophecy in the Later Middle Ages. A Study in Joachimism*, Oxford, Clarendon Press, 1969.

Rusconi, Roberto, *Profezia e profeti alla fine del Medioevo*, Rome, 1999.

Suard, François, article «Merlin», dans A. Vauchez, dir., *Dictionnaire encyclopédique du Moyen Âge*, Paris, Cerf, 1997, t. II, p. 989.

Vauchez, André dir., *Les Textes prophétiques et la prophétie en Occident (XII-XVI siècles)*, Rome, École Française, 1990.

Zumthor, Paul, *Merlin le Prophète. Un théme de la littéature prophétique de l'historiographie et des romans*, 1943, r?dition Genève, Droz, 2000.

13. 海勒甘家從
(1) 文本

Meisen, Karl, *Die Sagen von Wütenden Heer und Wilden Jäger*, Münster i. W., 1935. Trad. italienne: *La leggenda del cacciatore furioso e della Caccia selvuggia*, trad. Sonia Maura Barillari, Alessandria, Ed. dell'Orso, 2001.

(2) 研究

Colloque *Le Charivari*, éd. J. Le Goff et J.-Cl. Schmitt, Paris, La Haye et New York, Mouton, 1981.

Bouet, P., «La Mesnie Hellequin dans l'*Historia Ecclesiastica* d'Orderic Vital», dans *Mélanges Kerlouégan*, Besançon, Presses Universitaires de Franche-Comtè 1994 p. 61-68.

Cardini, Franco, *Magia, stregoneria, superstizioni nell'Occidente medievale*, Florence, La Nuova Italia, 1979.

Cohen, G., «Survivances modernes de la Mesnie Hellequin», *Bulletin de l'Académie royale de Belgique*, 1948, p. 32-47.

Endter, A., *Die Sage von wilden Jäger und von der wilde Jagd. Studien über den deutschen Dämonenglauben*, Francfort/Main, 1933.

Ginzburg, Carlo, *Le Sabbat des sorciéres* (1989). Trad. française, Paris, Gallimard, 1992.

Harf-Lancner, Laurence, «L'enfer de la cour d'Henri II Plantagenêt et la Mesnie Hellequin», dans *L'État et les aristocrates (XII-XVII s.)*, Paris, ENS, 1959, p. 27-50.

—, *Le Monde des fées dans l'Occident médiéval*, Paris, Hachette, 2003: «La Mesnie Hellequin et les revenants», p. 164 et suiv.

Lecouteux, Claude, *Chasses fantastiques et cohortes de la nuit au Moyen Âge*, Paris, Imago, 1999.

Schmitt, Jean-Claude, *Les Corps, les Rites, les Rêves, le Temps. Essais d' anthropologie médiévale*, Paris, Gallimard, 2001. Charivari et Mesnie Hellequin dans chap. IX, «Les masques, le diable, les morts».

—, *Les Revenants. Les vivants et les morts dans la société médiévale*, Paris, Gallimard, 1994, chap. V, «La Mesnie Hellequin», p. 115-145.

Spada, D., *La caccia selvaggia*, Milan, Barbarossa, 1994.

Uhl, P., «Hellequin et Fortune; le trajet d'un couple emblématique», *Perspectives médiévales*, XV, 1989, p. 85-89.

Varvaro, A., *Apparizioni fantastiche. Tradizioni folclorïche e litteratura nel medioevo: Walter Map*, Bologne, Il Mulino, 1994.

Walter, Philippe, «La Mesnie Hellequin. Mythe calendaire et mémoire rituelle», *Iris*, 18, 1999, p. 51-71.

—, éd., *Le Mythe de la chasse sauvage dans l' Europe médiévale*, Paris, Honoré Champion, 1997.

14. 女教宗若安

Boureau, Alain, *La Papesse Jeanne*, Paris, Flammarion, 1988.

Döllinger, Ignaz von, *Die Papstfabeln des Mittelalters. Ein Beitrag zur Kirchengeschichte*, Munich, 1863, trad. française, Paris, 1865, éd. allemande augmentée, Stuttgart, 1890.

Onofrio, Cesare d', *La papessa Giovanna. Roma e papato tra storia et leggende*, Rome, 1979.

Pardoe, Rosemary et Darrel, *The Female Pope: the Mystery of Pope Joan*, Wellingborough, 1988.

Paravicini Bagliani, *Agostino, Le Corps du pape*, 1994, trad. fr., Paris, Seuil, 1997.

Petoia, Erberto, «Scandalo a San Pietro», Medioevo, 87, avril 2004, p. 69-73.

15. 列那狐

(1) 文本

Le Roman de Renart (2 vol.), texte établi et traduit par Jean Dufournet et André Méline, Paris, Classiques Garnier-Flammarion, 1985.

Le Roman de Renart, éd. et trad. par Strubel, Armand, Paris, Gallimard, «Bibliothéque de la Pléiade», 1998.

Le Roman d'Ysengrin, trad. française d' E. Charbonnier, Paris, Les Belles Lettres, 1991.

L'Évasion d'un prisonnier. Ecbasis cujusdam captivi, éd. et trad. française par C. Munier, Paris, CNRS/Brepols, 1998.

Le Goupil et le Paysan (Roman de Renart, branche X), textes réunis par Jean Dufournet, Paris, Honoré Champion, 1990.

Reinhart Fuchs, trad. en allemand moderne par Spiewok, W., Leipzig, Reclam, 1977.

Une œuvre, Le Roman de Renart, *un théme, société animale et société humaine*, présentation de Annick Arnaldi et Noële Anglade,

Les Classiques Hatier, Paris, 1977.

(2) 青少年讀本

Kawa-Topor, Xavier et Bachelier, Benjamin, *Mon Roman de Renart*, avec un CD, Paris, Actes Sud Junior, 2004.

(3) 研究

Article *Renart du Lexicon des Mittelalters*, VII/4, 1994, col. 720-724.

Batany, Jean, *Scénes et Coulisses du Roman de Renart*, Paris, 1989.

Bellon, Roger, article *Roman de Renart* dans Cl. Gauvard, A. de Libera, M. Zink, dir., *Dictionnaire du Moyen Âge*, Paris, PUF, 2002, p. 1243-1244.

Bellon, Roger, «Trickery as an Element of Character of Renart», *Forum for Modern Langage Studies*, XXII, 1, 1986, p. 34-52.

Bossuat, Robert, *Le Roman de Renard*, Paris, 1957, 1967.

— et Lefèvre, Sylvie, article «Roman de Renart», dans *Dictionnaire des lettres françaises. Le Moyen Âge*, Paris, Le Livre de poche, n éd. 1992 (1re éd. 1964), p. 1312-1315.

Buschinger, Danielle et Pastré, Jean-Marc, trad. en français de *Fuchs Reinhart*, Greifswald, Reineke, 1993.

Combarieu du Grès, M. de et Dubrénat, J., *Le Roman de Renart: index des thémes et des personnages*, Aix-en-Provence, Senefiance, 22, 1987.

Delort, Robert, *Les animaux ont une histoire*, Paris, Seuil, 1984.

Dragonetti, René, «Renart est mort, Renart est vif, Renart règne», *Critique*, n°375-6, 1879, p. 783-798, repris dans *La Musique et les Lettres*, Genève, Droz, 1986, p. 419-434.

Flinn, J., *Le Roman de Renart dans la littéature française et dans les littéatures étrangéres au Moyen Âge*, Paris-Toronto, 1963.

Foulet, Lucien, *Le Roman de Renard*, Paris, 1914.

Goullet, Monique, article «Ecbasis cujusdam captivi», dans Cl. Gauvard, A. de Libera, M. Zink, dir., *Dictionnaire du Moyen Âge*, Paris, PUF, 2002, p. 458.

Pastré Jean-Marc, article *Reinhart Fuchs* dans Cl. Gauvard, A. de Libera, M. Zink, dir., *Dictionnaire du Moyen Âge*, Paris, PUF, 2002, p. 1192-1194.

Reichler, Claude, *La Diabolie: la séduction, la renardie, l'écriture*, Paris, Minuit, 1979.

Rivals, Claude, dir., *Le Rire de Goupil. Renard, prince de l'entre-deux*, Toulouse, Le Tournefeuille, 1998.

Roussel, Henri, *Renart le Nouvel de Jacquemart Gielie. Étude littéaire*, Lille, 1984.

Scheidegger, J., *Le Roman de Renart ou le Texte de la déision*, Genève, Droz, 1989.

Strubel, Armand, *La Rose, Renart et le Graal*, Paris, Slatkine, 1989.

Tilliette, Jean-Yves, article *Ysengrinus* dans Cl. Gauvard, A. de Libera, M. Zink, dir., *Dictionnaire du Moyen Âge*, Paris, PUF, 2002, p. 1483.

Varty, K., *Reynard the Fox. A Study of the Fox in Medieval English Art*, Leicester University, 1967.

Voisenet, Jacques, *Bestiaire chrétien. L'imagerie animale des auteurs du haut-Moyen Âge (V-XI siècle)*, Toulouse, Privat, 1994.

—, *Bêtes et hommes dans le monde médiéval. Le bestiaire des clercs du V au XII siècle*, Turnhout, Brepols, 2000 (avec une préface de J. Le Goff).

Il existe depuis 1988 une Société internationale d'études sur le *Roman de Renart* qui publie une revue annuelle: *Reinardus. Yearbook of the International Reynard Society*, Grace.

16. 羅賓漢

Dobson, R. B. et Taylor, J., *Rymes of Robin Hood*, Londres, Heinemann, 1976.

Gleissner, R., article «Robin Hood», dans *Lexicon des Mittelalters*, vol. VII/5, 1994, p. 919-920.

Holt, J. C., *Robin Hood*, Londres, Thames and Hudson, 1982.

Pollard, A. J., *Imagining Robin Hood. The Late Medieval Stories in Historical Context*, Woodbridge, Routledge, 2004.

17. 羅蘭
(1) 文本

Chanson de Roland, éd. et trad. de Joseph Bédier, 1921, 6e éd., 1937; de Géard Moignet, Paris, Bordas, 1969, 3e éd., 1972; de Pierre Jonin, Paris, Gallimard, «Folio», 1979; de Jan Short, Paris, Le Livre de poche, «Lettres gothiques», 1990; de Jean Dufournet, Paris, Classiques Garnier-Flammarion, 1993; de Cesare Segre, Genève, Droz, 2003.

(2) 研究

Amalvi, Christian, «La *Chanson de Roland* et l'image de Roland dans la littéature scolaire en France de 1815 à 1914», dans *De l'art et la manière d'accommoder les héos de l'histoire de France. De Vercingétorix à la Révolution*, Paris, Albin Michel, 1988, p. 89-111.

Burger, A., *Turold, poète de la fidélité Genève*, Droz, 1977.

Dufournet, Jean, *Cours sur la Chanson de Roland*, Paris, CDU, 1972.

Galletti, Anna Imelda et Roda, Roberto, *Sulle orme di Orlando. Leggende e luoghi carolingi in Italia. I paladini di Francia nella tradizioni italiane. Una proposta storico-anthropologica*, Padoue, Interbooks, 1987.

Horrent, Jules, article «Roland (Chanson de)», dans *Dictionnaire des lettres françaises. Le Moyen*

Âge, Paris, Le Livre de poche, 1992, p. 1299-1304.

Keller, H.-E., *Autour de Roland. Recherches sur la chanson de geste*, Paris, Honoré Champion, 1989.

Lafont, Robert, *La Geste de Roland* (2 vol.), Paris, L'Harmattan, 1991.

Le Gentil, Pierre, *La Chanson de Roland*, Paris, Hatier, 1955.

Lejeune, Rita, «Le héos Roland, mythe ou personnage historique ?», dans *Académie royale de Belgique. Bulletin de la classe des lettres et des sciences morales et politiques*, 5 séie, t. 65, 1979, p. 145-165.

— et Stiennon, Jacques, «Le héos Roland, neveu de Charlemagne», dans W. Braunfels, éd., *Karl der Grosse*, vol. IV, Düsseldorf, 1967.

— et Stiennon, Jacques, *La Légende de Roland dans l'art du Moyen Âge* (2 vol.), Liège, 1965.

Mandach, A. de, *La Chanson de Roland, transfert du mythe dans le monde occidental et oriental*, Genève, Droz, 1993.

Menéndez Pidal, Ramón, *La Chanson de Roland et la tradition épique des Francs*, Paris, Picard, 1960.

Roncaglia, A., «Roland e il peccato di Carlomagno», dans *Mélanges Martin de Riquet*, Barcelone, 1986, p. 315-348.

Roques, Mario, «L'attitude du héos mourant dans *La Chanson de Roland*», *Romania*, lxvi, 1940, p. 355-366.

18. 崔斯坦與伊索德

(1) 文獻

Le Roman de Tristan et Iseut renouvelé par Joseph Bédier, Paris, Piazza, 1900.

Béoul, *Tristan et Yseut*, éd. Daniel Poirion, préface de Christiane Marchello-Nizia, Paris, Gallimard, «Folio classique», 1995 et 2000.

Mary, André, *La Merveilleuse Histoire de Tristan et Iseut restituée par André Mary*, Paris, Gallimard, «Folio classique», 1973 (avec une préface de Denis de Rougemont).

Tristan et Iseut. Les «Tristan», en vers, éd. et trad. de Jean-Charles Payen, Paris, Garnier, 1974.

Tristan et Iseut. Les poémes français, la saga norroise, par Philippe Walter et Daniel Lacroix, Paris, Le Livre de poche, «Lettres gothiques», 1989.

Tristan et Yseut. Les premiéres versions européennes, Christiane Marchello-Nizia, dir., Paris, Gallimard, «Bibliothèque de la Pléiade», 1995.

(2) 研究

Baumgartner, Emmanuelle, *La Harpe et l'Épée. Tradition et renouvellement dans le «Tristan», en prose*, Paris, SEDES, 1990.

—, *Tristan et Iseut. De la légende aux récits en vers*, Paris, PUF, 1987.

Buschinger, Danielle, éd., *Tristan et Yseut, mythe européen et mondial* (actes du colloque d'Amiens, 1986), Göttingen, 1987.

—, éd., *La Légende de Tristan au Moyen Âge* (actes du colloque d'Amiens, 1982), Göttingen, 1982.

Cazenave, Michel, *Le Philtre et l'Amour. La légende de Tristan et Iseut*, Paris, José Corti, 1969.

Chocheyras, Jacques, *Tristant et Iseut. Genése d'un mythe littéaire*, Paris, Honoré Champion, 1996.

Frappier, Jean, «Structure et sens du Tristan: version commune, version courtoise», *Cahiers de civilisation médiévale*, 6, 1963, p. 255-180 et p. 441-454.

Fritz, Jean-Marie, article «Tristan (légende de)», dans *Dictionnaire des lettres françaises. Le Moyen Âge*, Paris, Fayard, 1991, p. 1445-1448, et article «Tristan en prose», ibid., p. 1448-1450.

Heijkant, Marie-José éd., *Tristano Riccardiano*, Parme, Pratiche Editrice, 1991.

Kleinhenz, C., «Tristan in Italy: the Death or Rebirth of a Legend», *Studies in Medieval Culture*, 5, 1975, p. 145-158.

Lejeune, Rita, «Les noms de Tristan et Iseut dans l' anthroponymie médiévale», dans *Mélanges offerts à Jean Frappier*, Genève, Droz, t. II, 1970, p. 525-630.

Miquel, André, *Deux histoires d'amour, de Majnün à Tristan*, Paris, Odile Jacob, 1995.

Pastoureau, Michel, «Les armoiries de Tristan», dans *L'Hermine et le Sinople. Études d'héaldisme médiéval*, Paris, Le Léopard d'or, 1982, p. 279-298.

Payen, Jean-Charles, «Lancelot contre Tristan: La conjuration d'un mythe subversif (Réflexions sur l'idéologie romanesque au Moyen Âge)», dans *Mélanges de langue et de littéature médiévales offerts à Pierre Le Gentil*, Paris, SEDES, 1973, p. 617-632.

Poirion, Daniel, «Le Tristan de Béoul: récit, légende et mythe», *L' I nformation littéraire*, XXVI, 1974, p. 159-207.

Ribard, Jacques, *Du philtre au Graal. Pour une interprétation théologique du roman de «Tristan», et du «Conte du Graal»*, Genève, Slatkine, 1989.

Rougemont, Denis de, *L'Amour et l'Occident*, Paris, Plon, 1972.

Wagner, Richard, *Tristan et Isolde*, trad. nouvelle de Pierre Miquel (préface de Pierre Boulez), Paris, Gallimard, «Folio théâtre», 1996.

Walter, Philippe, *Le Gant de verre. Le Mythe de Tristan et Yseut*, La Gacilly, Artus, 1990.

19. 吟遊詩人、遊唱詩人

(1) 音樂

Aubrey, Elizabeth, *The Music of the Troubadours*, Bloomington/Indiana, Indiana University Press, 1996.

Werf, Hendrik Van den, et Bond, Gerald A., *The Extant Troubadours Melodies*, New York,

Rochester, 1984.

(2) 文本

Aurell, Martin, *La Vielle et l'Épée. Troubadours et politique en Provence au XIII siècle*, Paris, Aubier, 1989.

Bec, Pierre, *Anthologie des troubadours*, Paris, UGE, «10/18», 1979, 1985.

—, *Burlesque et obscénité chez les troubadours*, Paris, Stock, 1984.

Boutiére, Jean, Schutz, Alexander Hermann et Cluzel, Irénée-Marcel, *Biographies des troubadours. Textes provençaux des XIII et XIV siècles*, Paris, A. G. Nizer, 1973.

Jeanroy, A., *Anthologie des troubadours, XII et XIII siècles*, Paris, Nizier, 1974.

Lavaud, R. et Nelli, R., *Les Troubadours* (2 vol.), Bruges, Desclée de Brouwer, 1960, 1966.

Riquer, Martin de, *Los Trovadores: historia literaria y textos*, 3 vol., Barcelone, 1975.

Rosenberg, S. N., Tischler, H. et Grossel, G., *Chansons de trouvéres. «Chanter m'estuet»*, Paris, Le Livre de poche, «Lettres gothiques», 1995.

(3) 研究

Brunel-Lobrichon, Geneviève et Duhamel-Amado, Claudie, *Au temps des troubadours XII-XIII siècle*, Paris, Hachette, 1997.

Brunel-Lobrichon, Geneviève, article «Troubadours», dans *Dictionnaire des lettres françaises. Le Moyen Âge*, Paris, Fayard, 1992, p. 1456-1458.

Cheyette, Frederick L., *Ermengard of Narbonne and the World of the Troubadours*, Cornell University Press, 2001, 2004.

Cropp, Glynnis M., *Le Vocabulaire courtois des troubadours de l'époque classique*, Genève, Droz, 1975.

Huchet, Jean-Claude, *L'Amour discourtois. La «fine amo», chez les premiers troubadours*, Toulouse, Privat, 1987.

Huchet, Jean-Claude, article «Vidas et razos», dans Cl. Gauvard, A. de Libera, M. Zink, éd., *Dictionnaire du Moyen Âge*, Paris, PUF, 2002, p. 1446-1447.

Kay, Sarah, *Subjectivity in Troubadour Poetry*, Cambridge, Cambridge University Press, 1990.

Köhler, Erich, *Trobadorlyrik und höfischer Roman*, Berlin, 1962 (trad. française: *L'Aventure chevaleresque. Idéal et réalité dans le romain courtois*, Paris, Gallimard, 1974, avec une préface de J. Le Goff).

—, «Observations historiques et sociologiques sur la poésie des troubadours», *Cahiers de civilisation médiévale*, VI, 1964, p. 27-51.

Marrou, Henri-Irénée (Davenson), *Les Troubadours*, Paris, Seuil, 1971.

Monson, Don A., «The Troubadours Lady Reconsidered Again», *Speculum*, 70, 1995, p. 255-274.

Muraille, Guy, article «Trouvéres lyriques», dans *Dictionnaire des lettres françaises. Le Moyen*

Âge, Paris, Fayard, 1992, p. 1458-1463.

Nelli, René, *Écrivains anti-conformistes du Moyen Âge occitan* (2 vol.), Paris, Phébus, 1977.

—, *L'Érotique des troubadours* (2 vol.), Paris, UGE, «10/18», 1974.

Paden, William D., «The Troubadour's Lady as seen through Thick History», *Exemplaria*, 11, 1999, p. 221-244.

—, *The Voice of the Trobairitz. Perspectives on the Women Troubadours*, University of Pennsylvannie Press, 1989.

Paterson, Linda, *The World of the Troubadours. Medieval Occitan Society c. 1100-1300*, Cambridge, Cambridge University Press, 1993.

Payen, Jean-Charles, *Le Prince d'Aquitaine. Essai sur Guillaume IX, son œuvre et son éotique*, Paris, Honoré Champion, 1980.

Régnier-Bohler, Danielle, article «Amour courtois», dans J. Le Goff et J.-Cl. Schmitt, dir., *Dictionnaire raisonné de l'Occident médiéval*, Paris, Fayard, 1999, p. 32-41.

Roubaud, Jacques, *La Fleur inverse. Essais sur l'art formel des troubadours*, Paris, Ramsay, 1986.

—, *Les Troubadours*, Paris, Seghers, 1980.

Warning, Rainer, «Moi lyrique et société chez les troubadours», dans Lucie Brin d'Amour et Eugene Vance, éd., *Archéologie du signe*, Toronto, *Papers in Medieval Studies*, 3, 1983.

Zuccheto, Géard, *Terre des troubadours XII-XIII siècle)*, préface de Max Rouquette, Paris, Éd. de Paris, 1996, avec CD.

20. 瓦爾姬麗

(1) 文本

La Chanson des Nibelungen, traduite et présentée par Danielle Ruschinger et Jean-Marc Pastr? Paris, Gallimard, «L'Aube des peuples», 2001.

Arièges, Jean d', *Richard Wagner. La Walkyrie*, édition bilingue, Paris, Aubier-Flammarion, 1970.

(2) 研究

Boyer, Régis, *La Religion des anciens scandinaves*, Paris, Payot, 1981.

Buschinger, Danielle, «Les relations entre épopée française et épopée germanique. Essai de position des problémes», dans *Au carrefour des routes d'Europe: La chanson de geste*, X congrés international de la société Renceyvals, Aix-en-Provence, 1987, p. 77-101.

Dillmann, François-Xavier, L'Edda. *Récits de mythologie nordique par Snorri Sturluson*, Paris, Gallimard, «L'Aube des peuples», 1991.

Dumézil, Georges, *Mythes et dieux de la Scandinavie ancienne*, Paris, Gallimard, 2000.

Krappe, A. H., «The Walkyries», *Modern Language Review*, 21, 1926, p. 55-73.

Lacroix, Daniel W., articles «Edda poétique»(p. 464-466), «Saga»(p. 1264-1267), «Snorri

Sturluson» (p. 1339-1342), dans Cl. Gauvard, A. de Libera, M. Zink, dir., *Dictionnaire du Moyen Âge*, Paris, PUF, 2002.

Müller, Ursula et Ulrich, éd., *Richard Wagner und sein Mittelalter*, Salzbourg, 1989.

Simek, R., article «Walküren», dans *Lexicon des Mittelalters*, 8/9, 1997, p. 1978.

Steblin-Kamenskij, M. C., «Valkyries and Heroes», *Arkiv für nordisk Filologi*, 97, 1982, p. 81-93.

Tonnelat, Ernest, *La Légende des Nibelungen en Allemagne au XIX siècle*, Paris, Les Belles Lettres, 1952.

　　本書完成後，我才收到亞米德拉布赫戴克的鉅著（1276頁）《西方電影裡的中世紀意象天地》（*Paris, Honoré Champion*, 2004）：不僅本書引述的影片，皆可尋得重要的細節資訊，還有其他闡述中世紀意象天地的電影作品。這部可觀的研究作品，透過電影，主要呈現出哥特風格、羅蘭、悉德、亞瑟、騎士制度、墨林、遊唱詩人、崔斯坦與伊索德、列那狐、羅賓漢，以及史考特、雨果、華格納心目中的中世紀。

圖片來源

Musées de la ville de Chateauroux/photo Hautefeuille: 164.

Öffentliche Bibliothek, Bâle: 207.

Oronoz: 133, 303.

RMN : Gérard Blot: 61 右下 , 121, 149; Bulloz: 99; Lagiewski: 79; Hervé Lewandowki: 61 上
　　和左下 ; René-Gabriel Ojeda: 169, 189, 193.

Scala: 151 上 , 159; Opera Mereopolitana: 113 上 .

TCD: 37, 43, 127, 264-265, 272, 287; coll. Bouteiller: 123, 249.

Top : Bulloz: 99; Hervé Champollion: 89; Daniel Faure: 146-147; Jean-Daniel Sudres: 93.

© 1997, The Metropolitan Museum of Art: 196-197.

Victoria & Albert Museum, Londres: 151 下 .

346

索引

其他

二至五畫

Héros et Merveilles du Moyen-Âge
First Published in France under the title Héros et Merveilles du Moyen-Âge
by Jacques Le Goff
© 2005, Édition du Seuil, Paris.
Complex Chinese edition copyright © 2008, 2019 by Owl Publishing House, a division of Cité Publishing Ltd.
All Right Reserved.

貓頭鷹書房 414

中世紀關鍵詞：騎士、城堡與幻獸，大師為你圖說中古歐洲史
（初版書名：中世紀英雄與奇觀）

作　　者　勒高夫
譯　　者　葉偉忠
責任編輯　劉偉嘉、陳湘婷（初版）；張瑞芳（二版）
校　　對　魏秋綢
版面構成　張靜怡
封面設計　徐睿紳
行銷統籌　張瑞芳
行銷專員　段人涵
出版協力　劉衿妤

總 編 輯　謝宜英
出 版 者　貓頭鷹出版

發 行 人　涂玉雲
發　　行　英屬蓋曼群島商家庭傳媒股份有限公司城邦分公司
　　　　　104 台北市中山區民生東路二段 141 號 11 樓
　　　　　畫撥帳號：19863813；戶名：書虫股份有限公司
城邦讀書花園：www.cite.com.tw　購書服務信箱：service@readingclub.com.tw
購書服務專線：02-2500-7718（周一至周五上午 09:30-12:30；下午 13:30-18:00）
24 小時傳真專線：02-2500-1990；25001991
香港發行所　城邦（香港）出版集團／電話：852-2877-8606／傳真：852-2578-9337
馬新發行所　城邦（馬新）出版集團／電話：603-9056-3833／傳真：603-9057-6622
印 製 廠　中原造像股份有限公司
初　　版　2008 年 6 月
二　　版　2019 年 7 月　四刷 2022 年 5 月
定　　價　新台幣 1050 元／港幣 350 元
I S B N　978-986-262-389-3

讀者意見信箱　owl@cph.com.tw
投稿信箱　owl.book@gmail.com
貓頭鷹臉書　facebook.com/owlpublishing

【大量採購，請洽專線】(02) 2500-1919

城邦讀書花園
www.cite.com.tw

國家圖書館出版品預行編目資料

中世紀關鍵詞：騎士、城堡與幻獸，大師為你圖說中
古歐洲史／勒高夫（Jacques Le Goff）著；葉偉忠譯.
-- 二版 . -- 臺北市：貓頭鷹出版：家庭傳媒城邦分公
司發行, 2019.07
面；　公分 . --（貓頭鷹書房；414）
譯自：Héros & Merveilles du Moyen-Âge
ISBN 978-986-262-389-3（精裝）

1. 中古史　2. 文明史　3. 歐洲

740.23　　　　　　　　　　　　　　108009693

本書採用品質穩定的紙張與無毒環保油墨印刷，以利讀者閱讀與典藏。